教育の分配論

公正な能力開発とは何か

宮寺晃夫

勁草書房

Distribution of Education:
Equity in the Development of Potentialities
Akio Miyadera
Keiso shobo Publishing Co., Ltd. 2006
ISBN978-4-326-25053-0

はじめに　分配・教育・国家

分配

「分配（ぶんぱい）」という言葉の響きから連想されるのは、どのような場面であろうか。おそらく、乏しい食べ物を、身内で分け合っている場面を想い浮かべる人は少なくないのではないかと思う。際限なく供給される食べ物、例えば、旧約聖書『出エジプト記』に出てくる、モーゼに率いられたイスラエルの民の頭上に雨のごとく降り注いだ〝マナ〟のように、いくら消費してもその分だけ天から供給されつづける食べ物ならば、ある人にどれだけ多く、ある人にどれだけ少なく与えられるべきかの分配は問題にならないであろう。また、たとえ限られた食べ物であっても、身内とは思わない人びととの間では、分配が問題になることもあるまい。反対に身内だと思えば、地球の裏側の人びととの間でも、わたしたちは乏しい食べ物を分け合う用意がある。

そこで分配が問題になるには二つの先行条件が要ることが判る。対象に限りがあることと、身内意識が成り立っていることの二つである。

子どもたちの教育に投入される社会の資源は、財源や人的手当てをみても判るように無尽蔵ではなく、教育についても分配問題が発生する可能性がある。しかし、教育資源はそれぞれの親が自前で調達すべきものだとされて、親たちの間で負担を分かち合う身内意識が成り立っていないならば、分配問題は社会的には発生しない（それはただ、家庭内で、親が教育資源を自分の子どもたちにどのように分配するか、という私的な問題として発生するのみである)。現に、こんにち家庭間、階層間で親の所得格差が広がり、子どもの学力格差の拡大はそれと無関係ではないとして問題になっているが、それも身内意識、言い換えれば、どの子どもも自分たちの子どもだという意識の欠如の表われとみることができる。教育を分配の対象とみなすということは、親のみならず、社会のすべての人びとの間に、子どもの教育をめぐりもう一度身内意識の回復を願うことでもある。

しかし教育の場合、身内意識を共有する人びとの間でさえ、他の分配対象とは異なる面が多くある。例えば、「働かざる者、食うべからず」というごく当たり前の分配原則は、教育の場合当てはまらない。教育の分配は、自分たちで働いて獲た物を、自分たちでどう分配するかという大人の分け前問題とは次元が違うからである。子どもの教育の分配は、子どもが自分たちで獲た物の分配ではなく、社会が、言い換えれば大人たちが保有する資源の一方的な割り当てである。文化人類学の用語で言えば「贈与」に当たる。そのため、大人たちの分け前問題とは違って、当人の意思や努力を超えた次元で分配がなされ、子どもたちはそれをただ与えられた境遇として受け取るほかない。自分でもよく分からないうちに、有利な教育環境が誰かに独り占めされてしまっているような事態も起こり得るし、実際に起こっている。それは、分配を受ける子どもたちが分配の当事者になることができないからである。

それだけに、教育の分配については透明性、公開性、相互性、公平性などの思慮、一言でいえば「分配の公正さ(Equity)」がいっそう丁寧に求められなければならない[1]。

本書は、教育の公正な分配のあり方を解明するために、関連する諸理論を検討していくことを内容としている。そのさい、分配の公正さを保障するのは何か/誰か、という論点に着目していくことにするが、その理由は、社会の他の公共事業部門と同じように、教育の部門でも運営形態の私事化と、市場化と、分権化が進み、国家による一律の規制と補助のシステムが後退してきており、そのなかで、国家の積極的な関与なしに教育(という社会の財とサーヴィス）の分配に公正さが保てるかどうかが、改めて検証されなければならなくなってきているからである。本書は、そうした検証に向けて、理論面から原理的な基礎作業をおこなう。

教育

教育は、人が人にたいしておこなう実践であり、社会のなかで様々な問題を引き起こしている現実であり、産業の現場に労働力を供給しつづける制度であり、そしてまた人間存在の本質が洞察される現象などであるが、本書ではこれらを引っ括めて教育を社会の財という側面からとらえていく。財としての教育、つまり「教育財」という経済学的な発想は、教育関係者の間でも、すでにかつてほど抵抗なく受け容れられてきているのではないかと思う。経済学では、「人間の欲求を充たす事物」を広く「財」（goods）と呼んでいる。そのなかには、「人間の能力や熟練といった内面的なもの」などの非物質的な財もふくまれている［伊藤（編）2004］。財はしばしばサーヴィスと並べられ、「財・サーヴィス」と一括されて表記されるように、教育財も、人びとの欲求の充足に奉仕する手段としての側面から、価値（いわゆる使用価値）が認められてきている。

たしかに、能力や熟練といった内面的な財を蓄えていくのも、それらが将来何らかの物質的な財の産出に役立つからである。しかし能力の開発は、手段としての役立ちから離れて、それ自体が人びとの欲求の対象ともなっている。その理由は、人びとの自分らしさの獲得と、人としての尊厳の確立や自尊心の満足にそれが深く関わっているからである。また、自分を高く〝売る〟ための価値（交換価値）を付けることにも関わっているからである。人びとがより高度な教育を、より多く受けることを欲求するのも、教育を受けること自体がそうしたシグナルとしての価値（学歴などによる）を発揮するからである［小塩 2002：第2章］。

しかしながら、社会が教育に投入できる資源は無際限ではなく、すべての人の欲求はそのまま充たされるわけではない。教育は、財を産み出す資源として、人びとの間に異なる程度に分配され、それを通して人びとを社会の異なる地位や職業や資格に振り分けていき、しかもこうした人びとの階層状の布置を一元的な審級によって正当化し、社会が体制として安定的に維持されていくのに寄与している(2)。教育は分配される財であると同時に、他の財を分配していく財でもあるのである。そのため個人のみならず社会もまた、誰が教育財の分配にどれだけ多く／少なく与るべきかという分配問題に関心を払わざるを得ない。社会の立場からすると、「教育の公正な分配を保障するのは何か／誰か」という分配の正当性に関わる問題を避けて通るわけにはいかず、それを解明するには、さらに遡って「教育の公正な分配とはどういうことを言うのか」という分配の本質に関わる問題にも立ち向かわなければならない。本書がもっぱら考察していくのも、個人の立場からは問われることなく潜在化している、こうした原理的な次元の問題である。

「教育は国家百年の計」と言われるように、近代社会は教育の設計を長期的な国家戦略のなかに組み込んできた。人づくりを、物づくりばかりでなく国づくりの基盤にも置くような言説がみられるのは、政府の公文書のなかばかりではない。在野においても、そうした議論を力強く展開した論者は枚挙にいとまがないが、なかでも『ドイツ国民に告ぐ』(1808)を書いた哲学者ヨハン・G・フィヒテはもっともよく知られた論者の一人と言えよう。フィヒテは、対ナポレオン戦争で疲弊したドイツの復興には、国家が国民教育の運営に直接乗り出すことが肝要であると訴え、スイスの教育改革家のヨハン・H・ペスタロッチが考案した教授法をドイツに採り入れるように提言した[Fichte 1955]。それは民衆救済の旧教育に代わって、民衆の自立自助を促す「新教育」を技術化したもので、後年「開発教授」という名で欧米各国に伝えられ、明治初期には日本にも留学生によってアメリカ合衆国から持ち込まれている。

その一方では、国家が必要以上に人間(の自己)形成の営みに乗り出すことを警戒し、国家の役割を最小限、ないしは例外的にのみ認める議論も、個人の自由と個性を尊重する論者の側から出されている。その代表者をフィヒテの同時代に求めれば、『国家権能限定論』(1792) の筆者ヴィルヘルム・v・フンボルトの名前が挙げられるであろう。フンボルトは、「陶冶・教養」(Bildung) というドイツ語に特有の表現を用いて、個人の自己形成を他者形成としての「教育」(Erziehung) から区別し、国家による公教育に限界づけをした [宮寺 1969]。後世「リベラリズム」と呼ばれることになる立場の論者たち、例えばジョン・S・ミル、アイザイア・バーリン、ジョン・ロールズらにとってフンボルトは極北的な存在であった。

同時代人、同国人の間でも、教育にたいする国家の関与について認識が両極に分かれていたのは興味深いが、そうしたことは時代が近代から現代に移っても同様である。現代社会は産業構造と支配構造がともにグローバル化し、そこに組み込まれている教育も、国民国家の枠組みを超えて設計され、国際的なスタンダードに準拠しなければならなくなっている。それでも、いやそれだからこそ、国家には教育水準を維持し、国内市場に良質かつ等質の労働力を安定的に供給していく責務がある、と強く主張する論者がいる一方で、国家主導の教育運営の非効率性を指摘し、国家の教育干渉をできるだけ排除しようとする論者も出てきている。今では、「教育立国論」やその対極の「教育独立論」のような大時代的な議論は影をひそめているが、それでも教育は、親の利害と自己決定が優先する「家政(オイコス)」に属する事業とされる反面、依然として「公事」に属する国家(ポリス)の専管事項のなかにふくみ込まれている。教育の私事化への傾向そのものが、公事の政策課題として国家によって推進されているのが現代社会である。そのことは、親の学校選択権の拡大や、地域に特例的な学校運営を認める教育「特区」の選定が、総務省や政府官邸の主導でなされていることに照らしても明らかである。教育の分権化が、教育の地方自治の理念の現実化というよりも、政府の税財政改革の一環として推進されているのもよく知られていよう。

国家

こうした政策動向を、国家による新たな教育支配の進出と受け止めて警戒する向きもないわけではない。だが国家の教育支配を批判していくにしても、国家の機能自体が前世紀の終盤以降大きく変わってきていることに目を向ける必要があろう。とりわけ注目しなければならないのは、福祉国家以後の新たな国家像として登場してきた「支援国家」(enabling state) である。経済政策の研究者によれば、「福祉国家では国家が提供者であった社会的サービスを、個人の自助努力と市場やヴォランティア活動がとって代わり、国家は彼らがそれをうまく行えるように条件を整える役割に徹するのが支援国家のありよう」である、と分析されている [加藤 2004 : 101]。イギリス労働党ブレア政権の「第三の道」が目指すのもこの国家像である。(3) 支援国家では、国家は社会のインフラに関係する事柄だけではなく、福祉・文化に関係する事柄についても直接的な公的権限を手放していき、それらの社会的サーヴィスの民営化を進めていく一方で、市場原理を使って「個人(民間)の自助努力」の活性化を図っていく。国家は、かつてのケインズ主義国家のように、もはや社会の諸機能を統制の対象にして集権化することはしていかないが、「支援」という形で、国家の関与なしには社会の諸機能が順調に動かないようにしている。いわゆる「小さな政府」は、決して国家の役割の廃絶につながる構想ではない。国家の関与をみえなくしていくための構想に過ぎない。教育の運営、とりわけ教育財の分配にたいする国家の関与についてもそうである。

教育にたいする国家の関与には、大きく分けて、①機会の供給と、②規制の制定と、③財政の支援の三部門が考えられる。これら三部門のそれぞれで、国家の関与が維持されたり(+)、後退したり(－)するから、国家関与の後退といっても、理論上合わせて八通りのケースがあり得ることになる(+－までを想定すれば二七通りのケースが区別できることにもなる)。例えば義務教育段階の学級定員制の場合では、①機会の供給について国家の関与を後退させ、地域と各学校の要求に委ねていくものの、②四〇人学級を定めた標準法（「公立義務諸学校の学級編制及び教職員定数の標準に関する法律」）の規定そのものは堅持し、③しかも学級定員減にともなう追加財源については国庫補助は行わない（一・十・二）、という方針が示されている。三部門のうちどの部門に国家の関与がなお求められるかは場合によるが、すべての部門で国家に教育の運営への関与からの撤退を迫るケース（一・一・二）は、現実的ではないであろう。親の権限に属する学校外の教育機会をふくめて、家庭教育はそうしたケースに近いように思われるが、それでも、国家は家庭における教育財の分配を完全に私事として公事の対象外に置くべきだとはされず、少子化対策などの名目で、機会の供給や財政の支援を通じて国家に関与が求められている（十・一・十）。

現代社会では、こうした私事の領域への国家の関与をふくめて、国家の役割や国家像そのものの組み換えが不可避となっている。そうした流動的な状況下で、教育にたいして国家の関与がなお求められるとすれば、それは教育財の公正な分配を確保するという大義のためである。階層間の所得格差が教育財の分配にストレートに反映してしまっているばかりか、教育財の分配が階層間格差のさらなる拡大に寄与してしまっている。この格差の拡大再生産の循環を断ち切るためにも、「教育の公正な分配を保障するのは何か／誰か」が検討される必要がある。

公正な分配の担い手として、少なくともその候補として想定できるのは、今のところまだ国家を措いて他に選択肢がないように思われる。もっとも、市民社会、つまり自立した市民の社会をモデルに「学びの共同体」のようなものを想定して、その内部では教育の分配問題は自主的に解決されていると考える向きもないわけではない[4]。しかし、「共同体」内部での教育要求の多様性や私的な教育財の分散、とりわけその偏在を考慮するならば、分配機構の存在を見据えて、それの振る舞いを監視していくことの方がいっそう現実的であるように思う。アメリカの独立戦争時の立役者の一人トマス・ペインは、パンフレット『コモン・センス』（1776）の冒頭で「社会はわれわれの必要から生まれ、政府はわれわれの悪徳から生まれた」と書いて、政府、言い換えれば国家の存在は必要悪だとしているが［ペイン 1953］、たとえ悪であっても政府・国家がなお必要とされるのは、個人およびその集合体としての市民社会によっては担いきれない機能があるからである。

当然のことながら、天から供給される〝マナ〟とは違って、財の分配が成り立つには、まえもって原資を確保しておく必要がある。それを供出させ、改めて人びとの間に再分配していく実権をもつ機構を「国家」と呼ぶとすれば、国家は、仮にその名で呼ばれることはなくとも、「共同体」のなかにさえ伏在している。本書で主題とされるのが「教育の権利論」ではなく「教育の分配論」であるのも、個人の権利としての教育が確立するには、それを実効的に保障していく教育財の供出・分配をつかさどる機構がなければならないからであり、そしてそれは、「教育の権利論」では後景に退いていた分配主体としての国家を、前景に〝引きずり出す〟ことになるからである。

本書の内容は三部に構成されている。Ｉ部では、教育の分配論がなぜ問題になるのかを、格差拡大の問題、教育選択の問題を通して論じていく。II部では、現代の社会哲学の主要な立場、すなわち平等理論（egalitarianism）、共同体理論（communitarianism）、権原理論（entitlement theory）を、類型化することなく縦横に織り合わせながら、教育分配の理論の主題をみていくことにする。そしてIII部では、国家がなお、教育財の分配の主体であり得るかどうかを、国家像自体が変貌する現代において、改めて問い直していくことにする。

註

（1）わたしは別書で、'Equity'（エクワティー）のことを「おたがいさまの感覚」と意訳したことがある［宮寺 2000：203］。自分の立場だけで決めるのでなく、立場を替えて他人の立場からも受け容れてもらえる、釣り合いの取れた感覚のことである。

（2）教育社会学者の広田照幸は、教育システムの機能として、「学校がそこで学ぶ者を別の存在に変える」という社会化機能と、「そこで学ぶ者を社会のさまざまな部分に振り分けてゆく」という配分機能の二つを挙げている［広田 2004：11-14］。ここで挙げられている教育の配分機能とは、「人材の配分」機能のことである。それにたいして、本書で扱われる分配は教育機会などの教育財の分配であり、それは教育の機能というより社会の機能である。本書では「人材の振り分け」という意味では「配分」ないし「分配」をつかわない。なお、広田は「人材の配分」だけではなく、「機会の配分」という表現も用いている。これは前述の「配分＝人材の振り分け」からはズレているが、広田の言う「機会の配分」が「人材の配分」にどのようにつながるかが実は問題なのであり、それを本書では教育財の分配論として一貫して論じていくことになる。

（3）政治学者の斎藤純一によれば、ブレア首相が打ち出した「第三の道」は、市場を偏重したため社会の分極化を引き起こしたネオリベラリズムの難点と、国家の役割を重視して人びとを福祉依存体質にしてしまった社会民主主義の欠陥をともに克服して、人びとを、「自発的に選択をおこない、その結果に対して自ら責任を引き受ける、自由な選択と自己責任の行為主体」にしていく「新しい統治」の形態を目指している［斎藤 2002：146］。つまり、国家が一律に福祉に乗り出すよりも、個人がそれぞれ就労への意欲と能力を高める努力をし、それによって社会的に排除されない条件をみずから築いていく限りで福祉の給付に与れるという、いわゆる「労働への福祉」（welfare-to-work）を通しての自己統治である。どれだけ資力（means）を有しているかいないかで権利として与えられてきた福祉に代えて、就労に向かってどれだけの能動性（activity）を有しているかで処遇が決められ、この「能動性テスト」で自己統治能力に欠けるとみなされれば、その者が労働市場から排除される責任は当人の能力と意欲に帰せられることになる［斎藤 2002：147］。この就労への能動性には、産業現場での労働技術自体が日進月歩革新されている時代であるだけに、変化に対応していく適応性がふくまれている。そうした変化への適応性をふくめて自律性の価値が強調されるようになった。

このように個人に自己統治能力が要求されるにともない、教育が国家の統治機構の重要な一翼として組み込まれることとなる。そのことは、ブレア率いるニュー・レイバーの総選挙時のよく知られたキャンペーン――「国家にとって重要なことが三つある。それらは教育と教育と教育である。」――にも表われている。それは、福祉・教育を行革のターゲットにしていたサッチャー保守党政権との差異化を図るためのキャンペーンであったが、国家を人的資本に対する「社会的な投資国家」(social investment state) として新たに立ち上げていくためには、その前提として、教育復興に懸ける人びとの期待感に訴えることが、みずからの統治機構の中立性を装うのに好都合であったのである。この意味で、ブレアの統治構想において教育の役割は、サッチャーがそれによって国家主義的・保守主義的・家族主義的モラルの再注入を図ったのとは異なる意味で、きわめてイデオロギー性を帯びている。それはまた、このイデオロギーに同化できない者、言い換えれば教育に自己の人的資本の開発を期待していかない者を、合法的に社会から排除していくことをも可能にした。教育の場で〝ファイティング・ポーズ〟を取りつづけていかない限り、人は落伍者とみなされ、それから先の面倒はみてもらえないのである。教育を受けることへの積極的参加が、社会の構成員としての正常さの指標となってきているのであり、それだけ政治的な選別が前面に出ることはなくなっている。かつて労働党急進派として知られるインナー・ロンドン教育当局(ILEA)の支配下にあった学校現場でさえ、教育目標としてかつての〝Equality(平等)〟に代わり〝Excellence(優秀性)〟が高く掲げられ、学校間、学校内を問わず成績向上競争が当然のこととして進められている。その渦のなかにカラーズやレフュジーの子どもも巻き込まれていることをみると、ブレアの「新しい統治」が浸透しているかにみえる。

(4) 市民社会主義の「学びの共同体論」が孕む問題点については、拙論[宮寺 2003]を参照していただきたい。

教育の分配論

——公正な能力開発とは何か——

目次

目　次

序　章　分配論と「教育の視点」

1　分配論と教育の関わり

社会が共通資本として保有する財は、何らかの定まった原則に従って分配されるべきであろうか。そのさい、どのような財にも適用される一般的な原則があるのであろうか。――こうした主題と取り組む分配論に、教育は二つの側面で関わりをもっている。

第一に、教育は福祉や医療がそうであるように、社会のすべての人にとって幸福追求上なくてはならない基本的な財・サーヴィスであり、特定の属性を有する人、例えば経済的に余裕のある人や、高い能力や才能のある人に占有されてよいものではない。社会は学校教育、社会教育ばかりでなく、家庭教育という形でも教育の機会を財として保有している。それら様々な場での教育財を、誰に、どれだけ分配するのが社会にとって公正か。各個人、各家庭が享受している教育財の格差は、学校を通じて供給される教育財によって是正されるべきか。社会全体の生産効率性を犠牲にしても、格差の是正は目指されるべきか、などといった問題が教育の分配論として検討されることになる。

教育は、個人の側からは権利（right）として請求される。しかし社会の側からすれば、教育は正当（right）に分配されるべき共有財にほかならない。その正当に分配されるべき教育財は、これまで、国家の制度を通じて供給される学校教育を中心に、「平等な教育機会の保障」という原則のもとで、平等分配の対象とされてきた。教育機会は、「すべての人に平等な教育機会を」（'Equal Opportunity of Education for All !'）というスローガンに表わされているように、平等に保障されることが正当な分配であるという平等主義の理念のもとで、二〇世紀の全般を通じて、初めは初等教育の機会として、次には中等教育の機会として実現され、やがて学校教育の枠を越えて生涯教育の機会としても敷衍していっている。ＯＥＣＤの教育大臣会議（一九九六年）は、「すべての人のために生涯学習の実現を図ること」（Making Lifelong Learning a Reality for All）を今後の教育改革の目標として掲げている。このように教育は、何より第一に、平等な分配が達成されるべき財の事例として分配論の対象となってきている。

第二に、財の分配論にたいする教育の関わりは、社会の財の分配に、教育が公正さを見極める視点として組み込まれている、という側面にもみられる。II部「分配論の諸相と能力開発」で詳述するように、ジョン・ロールズの『正義論』（1971）の刊行以降、功利主義の立場、すなわち社会的総生産の最大化を帰結するような財の効率的な分配を求める功利主義の立場に、懐疑が広がった。この点で批判的なスタンスを共有する論者たち、特に平等理論、共同体理論、権原理論の論者たちは、いずれも、財の分配を受ける側の個別の特性、とりわけそれぞれの人の選好や能力や志望などの個別の特性を考慮しなければ、全体にとって公正な分配とはならない、と一致して主張している。さらにまた、それらの個別の特性自体が、形成されたもの／形成され得るものであることを重視して、どのような環境のもとでそれが形成されたのか、そのさい当人に責任がない仕方で形成されてはいないか、といった背後の諸関係を抜きには分配の公正さは語れない、ともみなされてきた。社会の共有財の分配は、もはや機械的な均一分配では公正性が確保されず、それぞれの人の個別の特性と、それの形成過程における被決定性を顧みた上で保障されるべきである、とする見方が有力になってきている。

このように教育は、何らかの原則に従って分配されるべき財という側面からだけではなく、他の様々な財の分配が公正になされていくための前提に関わる規定要因、という側面からも注目されてきている。この後者の側面を、財の分配論に内在する「教育の視点」と呼んでいくことにしよう。

2　教育の視点

生得的な資質を除けば、人の個別的特性の形成に最終的に責任があるのは、言うまでもなく社会・環境からの影響である。「最終的に」というのは、人の特性、なかでも能力や志望や自己像の形成に人の努力がどれだけ関与したかという内発的な要因も、その規定要因を辿れば、社会・環境からの影響に帰着するとみなすことも可能だからである（このような還元主義の問題点については、第一章「環境が人をつくる、か?」で述べる）。たしかに、努力すること（勉強すること）の価値、すなわち「努力（勉強）すれば報われる」という自力向上型の性向を身に付けたかどうかは、生まれ落ちた環境に甚大な影響を受けよう。しかし反面、環境からの影響は、同じ環境に生まれ落ちた者に、同じ程度に及ぶものではない。環境にふくまれる形成要因は、個人の意思で再構成できないものでは決してない。一人ひとりに独自な特性も、ある程度までは自由意思により再形成し得るものである。環境の形成要因の再構成可能性と、人の特性の再形成可能性、少なくともその潜在的可能性を留保しつつ、分配の公正さが語られるようになってきている。つまり、努力しようとすればできたのにそれをしなかったために生じた結果についても、社会に補償を求めるのは「公正」であろうか、という問いが発せられる一方で、努力すればできたのにそれができなかったことの社会的原因に遡及しないのは「公正」であろうか、という反問も同時に発せられる。

要するに、環境条件と人の特性の二項を定数として、両項の決定論的な対応づけのなかで財の分配率を算出していくのではなく、両項の間の形成—被形成の関係と、人の特性の再形成の可能性が「公正な分配」を語るときの視点に組み入れるようになってきたのである。欠落した環境条件を補塡することだけでは、もはや分配の公正さは確定できない。被分配者の特性の形成過程に関与した環境条件を考慮に入れ、それの主体的な組み替えにも可能性（と自己責任の余地）を残しておかなければ、分配の公正さは語ることができない。どこまでが社会の責任で補償されるべき領分で、どこからが個人の責任に属する領分なのかの見極めに、分配の公正性の核心がある。この問題の解明には、「教育されるべき存在」（ens educandum）、すなわち、教育されてはじめて「人間」となることができる存在、としての人間をどのようにみるかの視点が深く関わっている。

「教育されるべき存在」として人間は、生まれ落ちた環境に生存を依存する依他的存在ではあるが、しかし環境からの影響によって生き方が一方的に決定される受動的な存在ではない。人はより善き生き方を自己決定でき、社会的な責任を担っていかなければならない主体的な存在でもある。教育という社会の共有財は、社会にたいする責任を担い得る成員を産み出していく限りでの共通資本であり、社会の側の責務と社会にたいする責任との結節点に教育がある。この「教育の視点」を入れていかないと、財の公正な分配は語れなくなるのである。

ところで、社会の財の分配を「公正」という見地から一貫して求めてきたのは平等理論（egalitarianism）である。この平等理論の分配論に、「教育の視点」がどのように組み込まれてきたかを概観しておこう。

3　平等理論の分配論

ジョン・ロールズ以降の規範的な社会＝倫理理論の〝復興〟のなかで、平等理論の分配論は次のような諸議論を辿って展開してきている［井上 2002］。まず、すべての人に共通に保障されるべき権利、機会、所得、自尊感情などの「基本財」（primary goods）の平等な保障を主張する議論（ロールズ）に始まり、人びとが懐《いだ》く個別の目的には立ち入らずに、人びとが自分自身の善き生の構想をそれぞれに追求していくのを可能にする知識や能力などの「資源」（resource）の平等を強調する議論（ロナルド・ドゥウォーキン）を経て、誰もが生まれや才能など当人の責任ではない先行条件に左右されることなく好機を摑めるようにする「アクセス」（access）の平等を重視する議論（ジェラルド・A・コーエンなど、分析的マルクス主義者）に到る展開である。基本財の平等な分配から資源の平等な分配へ、さらにアクセスの平等な分配へと到る議論の展開は、財の分配が分配を受ける側の個別の特性と、それの形成条件に深く関わっていること、それゆえ「平等な分配」は「公正な分配」としてしか実現されないことをしだいに明らかにしてきている。

アマルティア・センの「潜在能力」（capability）論に到ると、個人の置かれた状況の多様性を抜きにして財の平等な分配は語り得ないことが、いっそう明確にされる。センによれば、分配される財はそれが実際に生活に活かされるかどうかで価値が決まり、この財の効用への変換に深く関係しているのが人の潜在能力である、とされる。しかも「資源や基本財を自由に変換する能力には、個人間で差がある」［セン 1992（1999）：49］のであって、それゆえ、例えば自転車に乗る必要も能力も開発されていない人びとがいる地域に、自転車を一律に配給しても平等に分配したことにはならない。財が平等に分配されたかどうかは、この潜在能力の開発と不可分の関係にある。人びとを不自由から解放し、人びとに能力や資質などの内面的な側面ばかりでなく、それらの制約条件となる政治や経済や福祉などの制度面からも、より多くの自由を保障していく。こうした能力と制度の両面をふくめた解放をセンは「開発」(development)ととらえている。こうした「自由としての開発」(development as freedom)という見方を、センが社会政策に持ち込んだことは、分配論に内在的な「教育の視点」をいっそう明確に顕在化させたものとして重要である［セン 1999 (2000)］。

財の平等な分配は、人びとの財の取得分布の〝落ち込み〟部分を外側から埋め合わせて、すべての人の取得が同水準になるようにならしていくことでは、もはや実現されたことにならない。財の平等な分配は、〝落ち込み〟部分をつくり出した内側と外側の要因を同時に明らかにし、内側からの盛り上がりを促すように外側の条件を調えていくことで、はじめて実現に近づく。このように、「内側からの盛り上がりを促すように外側の条件を調えていく」のが教育である。「教育」(education)の概念は、〝内部の可能性の引き出し〟という本来的意味と、〝外部からの介入作用〟という現実的意味との重ね合わせから構成されている。この教育の概念は、例えば「自助への援助」(Hilfe zur Selbsthilfe)という含蓄に富む定式で教育の真髄を表現した、近代スイスの教育改革家ヨハン・H・ペスタロッチの教育思想に、淵源を求めることができる。教育は、被教育者にたいする外側からの改善というより、自己改善しようとする被教育者の内側からの努力を促す助成作用である、とする思想である。

ペスタロッチによって定式化された教育概念の社会的起源は、資本制生産様式が成立しはじめた時期に求められる。一八世紀末から一九世紀にかけてスイスの農村に産業資本が進出したとき、農民は生産手段を奪われて労働力化し、貨幣経済のなかで貧民化した。資本制生産様式の浸透という阻止できない社会変動のなかで、それぞれの人が対等な個として自己の生存に責任を負わなければならなくなったとき、社会の側に課せられるのは、慈善的な救済事業ではなく、自活する人間の育成を目指す教育改革である、とペスタロッチは洞察した［宮寺

1981]。社会改革は教育改革をふくんで進行しなければ、実現に近づけない。そうした意味合いが前述の定式「自助への援助」には込められている。

4　経済・倫理・教育

「教育の視点」は、社会の基本財の分配の公正なあり方を論じていくさい、深い関わりをもっている。それは社会福祉の分野での分配論を考えていくとき、特にはっきりしてくる。というのは、社会福祉の分野での財・サーヴィスの分配は、単に人間らしい生活の保障を財政面からしていくだけでは、公正性が実現されないからである。それは一人ひとりの異なるニーズを、人びとの互恵・互酬の社会的連帯意識（平たく言えば、身内意識）の浸透のなかで充たしていくことによって、はじめて実現に近づいていく。それゆえ社会福祉の分野での分配論には、経済と倫理の視点のみならず、教育の視点をも交えていく必要がある。この点を、塩野谷祐一の研究を実例に確認していくことにしよう［塩野谷 2002］。

経済哲学者、塩野谷祐一の経済倫理学の射程は広い範囲にわたっている。それは単に経済と倫理とが重なり合う領域だけでなく、教育の領域にも及んでいる。塩野谷は、自律的に展開していく経済の営みに、倫理的な価値志向が表裏一体の関係で接合していることを明らかにしているが、それとともに、倫理による方向づけが効力をもつのは倫理的な完成への人間自身の努力がともなっているからである、という点も見落としていない。この卓越主義（perfectionism）への着目は「教育」という主題のもとで意識的に展開されてはいない――それを経済学者、塩野谷に求めるのは無いものねだりであろう――が、塩野谷の構想の特徴は、(a)国家・社会を根底で動かしているものとしての経済、(b)経済を方向づけるものとしての倫理、(c)倫理を実質化していくものとしての教育、という経済―倫理―教育という三層構造によって国家・社会のあり方を制御可能なものにしていこうとしている点にある、と解釈することができる。こうした教育の視点を組み込んだ包括的な全体構想を、塩野谷の経済倫理学から読み取ることができる。

しかも塩野谷の構想は、これまでしばしば見受けられた経済学者による教育への言及、すなわち、経済学だけでは整合的に説明のできない部分、とりわけ社会変革の契機を「新たな人間類型」の創出として教育に付け回したり、経済活動の行き過ぎや破綻をシヴィック・ヴァーチュー（civic virtue）の涵養で取り繕ったりする、よくある言及とは無縁である。取って付けたような教育への期待とは異なり、塩野谷の経済倫理学の場合、経済と教育との関係は倫理を仲立ちにしていっそう内在的であり、必然的である。「教育の視点」は、敢えて主題化する必要が認められないほどに、塩野谷の構想のすみずみに溶け込んでいる。

塩野谷は経済と倫理の架橋を試みるさい、そのインターフェイスとして「善」（good）の価値とそれを実現する手段価値としての「財」（goods）に着目し、この善と財から経済と倫理の二領域にまたがる概念群を導き出している。その概念の導出の過程を辿ってみることにしよう。

人びとの欲求を資源（自然・土地・製品・サーヴィスなど）に結び合わせるのが財である。その財を分配して人びとの欲求を効率よく充たし、効用という目的を実現していくのが経済である。しかし他面では、資源の稀少性が財の分配をめぐり人びとの間に倫理的な問題を生じさせ、対立する権利間の調整をする社会的な正しさ、すなわち正義を要請させることになる。しかし塩野谷は、人びとの行為と制度との間で経済と倫理の架橋を試みるだけではなく、もう一つの契機である人びとの存在、つまり人間としてのあり方を両者の関係のなかに組み込んでいく。人びとは、それぞれの能力を卓越性に向かって開発していくことを目指す限りで、人としての徳が認められることになる。この徳の追求のためには善と財の保障が不可欠であることは言うまでもないが、逆に人びとの徳の高まりが善のあり方、財の分配のあり方にも関わりをもってくる。そうした見通しにもとづいて、塩野谷は次のような三組の概念系列を導出している［塩野谷 2002：24］。

	（基本的価値言語）	（操作的価値言語）	（究極目的）
（行為）	善	効率	効用
（制度）	正	正義	権利
（存在）	徳	卓越	能力

5　善・正と卓越主義

塩野谷によるこうした行為・制度・存在という三組の概念系列の独自性、とりわけ徳—卓越—能力という人間の存在要件を概念系列に組み入れたことの独自性は、ロールズの概念体系と比較することによって明らかにすることができる。

ロールズが「善（good）にたいする正（right）の優先性」を主張したことはよく知られている。ロールズは、「善き生」の善さがつねに特定の誰かにとっての善さであり、本来的に多様性をふくむとともに、相互的な対立からも免れていないことから、さまざまな善の構想を包摂する社会全体の枠組みの構築には、何が善か（誰にとっての善か）を超越する客観的な倫理規準が要請されるとして、それを「正しさ」に求めたのであった。善（good）によって財（goods）に価値づけが与えられるように、正（right）によって権利（rights）に正当性が賦与され、人びとの間の実質的な平等が実現されていく。それがロールズにとって「秩序ある社会」（well-ordered society）であった。

よく知られているように、ロールズの議論は、国家による財の再分配を正当化し、弱者救済の福祉国家の範型を示してみせた点で、一九七〇・八〇年代に国家の政策立案の実際面で大きな影響力をもった。しかし同時に、ロールズの議論が理論面で大きな困難を抱えていたことも知られている。それは、人びとのそれぞれの善の構想（*conception* of the good）を超えて、いかにして客観的な正の概念（*concept* of right）を導き出すことができるのか、ということである。特にロールズが目的論（teleology）の発想を敢えて排して、義務論（deontology）の発想に拠ろうとしたことは、人間を「負荷なき自己」に抽象化したばかりか、正しさという倫理規準を人間の手の届かないところに置き去りにした。周知の「正義の二原理」の定式化（第三章「平等理論と多様な能力」で再論する）には、人びとの自己利益への合理的計算能力を除く一切の経験的な自己認識を「無知のヴェール」で覆うという、超越論的操作を駆使するほかなかったのである。それにたいして塩野谷が注目するのは、前述のように人間としての能力の完成を目指す卓越主義の立場であった。

卓越主義は、個人の自律性の尊重と、個人と個人との結び付きのなかでこそ自律性の陶冶が可能になるとする価値観、換言すれば社会的連帯のなかで個人の自己実現を図ることを求める価値観である。卓越主義的リベラリズムの主唱者のジョセフ・ラズは、個人の自律性を構成する必須要因として「利他心」（altruism）を明確に位置づけている［宮寺 2000：113ff.］。つまり、他者との関わりを広く志向し、公事に積極的に参加していき、そのためには自己利益をも超えていく用意ができている個人であってはじめて自律的な個人といえるのであり、その自律的個人によって社会関係が取り結ばれることにより卓越性の価値は実現されていく、とラズは考えた。塩野谷も卓越の価値が自律と連帯から成り立っているとし、この価値を「経済的価値を超えるもの、すなわち『経済の究極にあるもの』」［塩野谷 2002：5］として、それを、経済的価値を相対化する彼岸の価値とするとともに、それが福祉国家実現の理念であるとしている。

それでは、卓越性という徳を備えた人格の形成に、教育はどのような関わりをするのであろうか。人格や人柄として内面に〝ストック〟されていく資質と、そこから〝フロー〟していく善き生とは、存在ないし現象形態において区別されなければならない、と塩野谷はみている。両者の違いは、資本（として蓄積されるもの）と投資（として運用されるもの）の違いにも類比的であるが、教育が人びとの善き生の営みに関われるのは、何よりも資質の〝ストック〟の増強を通してであって、そこから〝フロー〟していく善き生の直接的な保証――ましてや元本保証――を通してではない。どのような善き生に賭けるかは各自の自由意思に委ねられ、そこまでは教育は関わることができない。教育が主要に関わるのは、各自の善き生がそこから〝フロー〟してくる〝ストック〟としての人格である。善き生の選択には自由意思が保障される反面、当然リスクもともなうが、そのリスクをふくめて選択が自由と責任のもとでなされるからこそ、善き生が成り立つ。しかもそれは選択者ごとに異なるものとして個別に成り立つ。「善さ」の選択はまさに各自の価値観そのものであり、この意味でジョン・S・ミルが洞察していたように、自由と多様性は善き生がその上で成り立つ基盤である［ミル 1859（1971）］。仮にセーフティー・ネットを幾重にも張り巡らせるなどして、全員に安定した等質の生き方が社会の側から保証され、何事にも賭ける必要のない安全な社会が用意され、結果として誰も投票所に赴く必要を感じなくなってしまったら、そうしたリスク・フリーの社会では、もはや誰も善き生を営むことはなくなる、としたのはアメリカの教育哲学者エイモン・カランである［Callan 1997］。カランがシヴィック・エデュケーションの必要性を強調したのは、体制間の対立がなくなり、リベラル・デモクラシーが最終的な勝利を収めた（といわれる）安定した社会状況が現出しつつあるからであった。

同じことを、〝第三の道〟の提唱者として名高いイギリスの社会学者アンソニー・ギデンスは「民主主義のパラドックス」と受け取り、それからの脱出口として「民主主義の民主化」を呼び掛けている。ギデンスの言う「民主主義の民主化」とは、「中央から地方への実効性ある権限委譲を推し進めること」を意味している。そのことによって「政治的意思決定と市民の日常的な関心とのズレをなくすよう、民主的手続きの刷新をはかる」ことが必要だ、とした［ギデンス 1999（2001）：第5章］。

社会の運営システムが一元化し、グローバル化していくなかで、人びとの内面に、それぞれどのような政治的・道徳的知識と能力と資質を財として〝ストック〟させていくのか。教育財の分配は、もはや人びとの権利請求に対応してなされるだけではなく、その権利請求を、自己の善き生と善き社会の実現に向けてしていく人格の形成を目指して、図られなければならない時代にさしかかっている。教育の分配論に「教育の視点」が内在していることの意義もここにある。すなわち、善き生の追求に最大限個人の多様な自由意思が尊重されるとともに、その追求を可能にする資源を、各個人に公正に分配して人格内に能力として〝ストック〟させていく。そのことを通して公正な社会の実現を展望していく。これが教育の分配論の主題であるが、問題の焦点となるのは、能力開発において「公正」とは何かである。

郵便はがき

恐縮ですが
切手をお貼
りください

112-0005

東京都文京区
水道二丁目一番一号

勁草書房
愛読者カード係行

（弊社へのご意見・ご要望などお知らせください）

・本カードをお送りいただいた方に「総合図書目録」をお送りいたします。
・HPを開いております。ご利用ください。http://www.keisoshobo.co.jp
・裏面の「書籍注文書」を弊社刊行図書のご注文にご利用ください。より早く、確実にご指定の書店でお求めいただけます。
・代金引換えの宅配便でお届けする方法もございます。代金は現品と引換えにお支払いください。送料は全国一律300円（ただし書籍代金の合計額（税込）が1,500円以上で無料）になります。別途手数料が一回のご注文につき一律200円かかります（2005年7月改訂）。

愛読者カード

25053-0 C3037

本書名 教育の分配論

お名前《ふりがな》 （ 歳）

ご職業

ご住所 〒 お電話（ ） ー

本書を何でお知りになりましたか

書店店頭（ 書店）／新聞広告（ 新聞）

目録、書評、チラシ、HP、その他（ ）

本書についてご意見・ご感想をお聞かせください。なお、一部をHPをはじめ広告媒体に掲載させていただくことがございます。ご了承ください。

◇書籍注文書◇

最寄りご指定書店		
市 町（区）	（書名）	¥ （ ）部
書店	（書名）	¥ （ ）部
	（書名）	¥ （ ）部
	（書名）	¥ （ ）部

※ご記入いただいた個人情報につきましては、弊社からお客様へのご案内以外には使用いたしません。詳しくは弊社HPのプライバシーポリシーをご覧ください。

I部　格差と公正

第一章　環境が人をつくる、か？

――学力格差をめぐる「公正」――

「夢みたいな話だけど――この世に生まれる子どもらが、みんな正しく育つとわかっていたら、さぞいいだろうね。でも、生まれる子どもは、みんな運、不運があるのさ。」（映画『草原の輝き』エリア・カザン監督、ワーナーブラザーズ、一九六一年）

「わたしたちの文化を規定している基本的な前提を尊重していくかぎり、……仮に自由と平等が本当に争い合うことになれば、争いに負けるのは自由のほうでなければならない。」（ロナルド・ドゥウォーキン『平等とは何か』小林公他訳、木鐸社、二〇〇二年）

1　教育と環境

(1)　教育万能論

一八世紀フランスの思想家エルヴェシウスと言えば、『教育名言辞典』［寺﨑 1999］にも載っている〝名言〟「教育はすべてを行い得る」とともに記憶されていよう。〝名言〟に表われているアイデアは、一般に教育万能論と呼ばれる。これには、教育への篤い信頼とともに、人の天分が環境しだいで不平等に決定されてしまうことへの不信が、同時に込められている。環境は人を不平等につくる。しかし教育は人を平等につくり変えることができる、と言うのである。

教育も、ある種の関係や制度であるから、環境の一部には違いない。違いないが、教育が不平等をもたらすとはされていない。むしろ教育は、人びとの間の不平等を正すはたらきであると期待されていた。それは、教育が生まれや土地柄などの要因とは違って、いちから操作が可能な環境要因だからである。教育の供給を平等に操作すれば、環境による不平等を修正していくことができる、と考えられていた。エルヴェシウスが、啓蒙主義の教育思想家であると同時に、平等主義の社会思想家でもあるとされるゆえんは、この教育の可能性（正しく言えば、教育の操作可能性）への思い入れにあるのかもしれない。

それにしても、環境に起因する不平等を教育が修正するという見方は、どこか腑に落ちない。こうした見方が成り立つには、何よりも環境と教育はそれぞれ独立した変数でなければならない。不平等の決定因としての環境と、不平等の修正因としての教育とが、分離可能でなければならない。ところが、「環境が人をつくる」と言われるように、環境に随伴する形成作用が「教育」と呼ばれたりする。反面、「教育とは環境を調えるはたらきだ」

られる。

と言われることもあるし、「教育環境」という表現もある。この場合、環境は教育作用の不可欠の構成要素とみ

このように、「環境」は教育に関わる言明で、十部にも述部にも置かれる。それは、環境と教育との関係が一筋縄ではとらえられないことを反映している。このやや入り組んだ事情を整理するため、とりあえず、環境を二種に分けてみることにしたい。つまり、教育がそのなかでなされる環境を「周辺環境」と呼び、教育が媒体、言い換えればメディアとして用いる環境を「内部環境」と呼ぶ、と。もちろん、これは絶対的・空間的な区切りを意味していない。周辺環境は容易に内部環境に取り込まれ、内部の操作を拡張したり、限定したりしていく。それはちょうど、パソコンの周辺環境がパソコン本体に接続されると、内部環境と一体になることにも喩えられる。教育によって直接操作が可能なのは内部環境に限られるが、それは周辺環境ともつながっている。こうしたところにも、どこまでが環境（のなせるわざ）で、どこからが教育（のすること）なのかの分かりづらさがある。それでも、教育の操作可能性と限界を探っていくさい、周辺環境と内部環境との線引きは、補助線として役に立つかもしれない。幾何の証明問題がそうであるように、この補助線も、用が済めば消されてよいものだが。

(2)　教育の可能性

ジャン＝J・ルソーは、環境からの影響を緩衝するために、子どもの周辺にいち早く「囲いをめぐらす」ように母親に助言した［ルソー 1762(1972)］。こうした保護的な方略によって、教育の操作可能性が確保されることもあるかもしれない。「囲い」が高く堅固なものであれば、それだけ内部での教育の可能性も広く確保される、というように。しかし、いったん「囲い」がめぐらされると、「囲い」自体が新たな環境を生み出してしまう。事実、「囲い」のなかでのルソーの教育が、環境決定論にも似た「事物の教育」であったことはよく知られてい

る。ルソーにとって、「囲い」の機能は環境からの作用を遮断することだけではない。それは、「事物の教育」による新たな環境を設定をすることでもあった。それはよいとしても、この事物の必然性から及ぼされる決定力を、操作可能な教育の支配下に置こうとすると、「囲い」の内側に、さらにもう一重「囲い」をめぐらしていかなければならないであろう。もちろん、それも環境をもう一つつくりだすだけである。環境による決定を回避して、教育の可能性を確保しつづけていこうとすると、幾重にも内側に内側にと「囲い」をめぐらしていかなければならない。

この環境決定論と教育の可能性論とのジレンマは、教育自体が環境の一部であるだけに、厄介な問題を孕んでいる。両者を結び付ける議論は、しばしばグルグル回りをしてしまう。環境による教育作用と、教育による環境統制とは、どちらが先で、どちらが後かの見極めがつけがたい。それは、教育を「消極的な教育」に限ったとしても同じことである。消極的教育／積極的教育の区別は、「人の教育」に過度に頼ることへの制限原理にはなり得ても、「囲い」の外側からの作用を食い止める原理にはなり得ない。積極的教育以上に消極的教育は、操作がむずかしいのである。そうであるとすれば、教育の操作可能性、言い換えれば教育の操作で環境による決定が回避できる可能性、を確保するには、どのように考えていけばよいのであろうか。

2 「格差問題」

(1) デューイ問題

現代において、教育との関わりで環境が話題になるのは、「環境が人をつくる」というトゥルーイズムを確認するためではない。「環境が格差をつくる」から、それは話題、というより問題になっている。それはよく、「格差問題」などと呼ばれる。教育も環境の一部とされる限り、当然、格差の生産から無縁ではない。無縁でないどころか、教育は環境によって決定される格差の固定子、ないしは増幅器であるとみられることもよくある。

たてまえの上では、教育、とりわけ社会の制度としての学校教育は、親の文化資本が子どもに不平等に受け継がれるのを阻む整流器であるはずで、相続税制が、子どもに経済資本がそのまま遺贈されるのを阻むのと、同じ趣旨の装置である。すべての人が、デフォルトされた同じ条件下で、親世代の不平等から自由に、人生を新たに切り開いていけるようにする。そうした平等化調整装置であるはずである。しかし、学校教育制度にしても、相続税制にしても、それはあくまでもたてまえであり、現実は理念を裏切ってきた。仮に、すべての人の生得条件をデフォルトして共通教育を供給したとしても、しかも、義務制としてレギュレーションを掛けたとしても、そこからゲインされるものは、教育以前／教育以外の環境要因によって決まってしまうため、平等なものとはならない。周辺環境の不可避的な決定力の前で、教育の操作可能性も吹き飛んでしまいかねない。親の階層帰属が、教育によって／教育にもかかわらず、子どもの階層帰属に乗り移ってしまうのはそのためである。

社会学者の多くが拠りどころにしている「再生産論」は、こうした見方に裏づけを与えてきた。教育は、社会の階層構造を再生産していくサイクルに、しっかり組み込まれている。その限り、教育が社会の階層構造をつくり変えていく可能性は、教育がそれを保守していく可能性と較べてはるかに小さい、と「再生産論」は説いてきている。

しかし、社会学者でさえ、教育の可能性を無には帰していない。それどころか、社会学者も、環境によって決定される格差を縮める可能性を、ほかならない教育に懸けていく。なかでも教育社会学者はそうで、かれら／彼女らはデュルケミアンである以上に、エルヴェシウシアンである。それは、教育社会学者が、教育改革論議に誰よりも熱心にコミットしていることからも分かる。だが、社会学者ならずとも出くわしてしまうのが、またしても環境と教育との「入れ子」状の関係である。そこから派生してくるのは、環境（周辺環境）の内部でなされる教育が、枠組みとしての環境の改変に、どこまで作用し返すことができるか、という「教育と社会」に関わる〝躓きの石〟的問題――名著『学校と社会』（1899）で社会の変化と教育の改善との関係を論じたジョン・デューイ［デューイ 1899（1998）］に因んで、「デューイ問題」と呼ぶことにしよう――である。

この種の問題に、周辺環境には手をつけずに、内部環境の操作で対処しようとした「自由な教育（リベラルな教育）」は、けっきょく解決をデッドロックに乗り上げさせてしまうほかなかった、と断じたのは、マルクス主義の社会学者サミュエル・ボウルズとハーバート・ギンタスである。「自由な教育」は、社会の不平等を修正するどころか、温存させてきただけだ、とかれらが手厳しく批判したのはよく知られていよう［S・ボウルズ、H・ギンタス 1976（1986）］。

(2) 平等な社会

「デューイ問題」にラディカルに取り組もうとすれば、ボウルズとギンタスが言う通り、まず環境（周辺環境）を変えていくことが順序である。特に、社会の下部構造と言われる経済的な財の分配機構に手をつけていかなければ、人びとの平等な権利も、実質的なものにはならず、形式的なものに止まろう。しかし、そうしたことは教育の操作可能性の範囲を超えた領域に、課題を委ねることになりはしないか。

その上、教育以外の政治や経済政策などの手段により、周辺環境が完璧にイーヴンに調えられるまで待っていられないし、仮にそのように操作された社会が突然出現したとしても、それが理想の社会かどうかはよく考えてみる必要があろう。暴力によって、一夜にしてつくられた「平等な社会」を、ジョージ・オーウェルが寓話『アニマル・ファーム』で痛烈に皮肉ったことはよく知られている［オーウェル 1945（1972）］。人びとに、いや、アニマルたちに平等な権利を一挙に保障していこうとすれば、不平等な特権を有する指導部を設けておかなければならなくなる。そういう自己矛盾を冒すくらいなら、少なくとも当面は、周辺環境による不平等な決定を不可避のものとして受け入れていく方がましだ、というのがオーウェルのメッセージなのかもしれない。不平等な周辺環境を受け入れた上で、内部環境の操作により、周辺環境に起因する格差の振幅をどこまで縮小していくことができるのか。それを教育による操作の課題として追いつづけていく。理想の社会は、やはり内側からつくり上げていくほかないのかもしれない。たとえそれが、果てしのない道のり（「未完の近代」の道のり）であったとしても。

教育改革論議にアクチュアリティを担保するのも、決してラディカルとは言えないこうした取り組みなのである。わたしたちが、社会学者による「格差問題」への取り組みに共感するのも、このアクチュアリティ（敢えて言えば、リベラルなアクチュアリティ）のゆえである。

3　環境決定論

(1)　格差の誘因

「環境が格差をつくる」のは、人びとが平等な環境のもとで育てられていないからである、と環境決定論者は言うであろう。それはその通りであるが、たとえ平等な環境のもとで育てられても、人びとの間に格差は生まれる。環境決定論は、いわゆる「白紙（タブラ・ラサ）」説を前提にした仮説である。そうであるとすれば、遺伝的資質まで白紙に戻すことができない以上、環境決定論が、強い意味で成り立つと唱える人はまずいまい。問題は、何をどこまで環境要因に算入するか（定義するか）である。言い換えれば、弱い意味での環境決定論をどこまで受け入れるかである。

仮に、経済的にも、文化的にも、またそれ以外のあらゆる面で同一の周辺環境下で育てられた人びとがいたとしよう。それでも、格差（以下では、特に断らない限り、いわゆる「学力格差」のことを念頭に置いている）は生じてしまう。それは、人によって、それぞれ意欲のもちかたや、努力のかたむけかたが違うからだが、そうした内発的要因の違いも周辺環境に起因している、という指摘が近年とみになされている。周辺環境の決定力は、人びとの内発的要因にも及んでおり、それが格差を内側からつくりだしている、というのである。

それゆえ、ある生徒に学習への意欲がみられないのは、当人の責任というより、当人の力の及ばない周辺環境によるものだ、とみなされる。周辺環境の決定力は、媒介項なしに直接学力格差を導き出しているのではなく、まず意欲の格差を導き、さらに努力の格差を導いていく。学力格差はその結果なのだ、と。

そうした内発的要因にみられる格差は、「希望格差」などと呼ばれる深層的要因にも達している、とさえ言われる［山田 2004］。自分の未来にどれだけの希望を抱けるかどうかで、やる気も、目標値も変わってくる。未来に希望が抱けなければ、目標値自体が、はじめから低めに設定されてしまう。こうした「酸っぱいブドウ」現象を、一概に自己選択の結果とはみなさずに、環境による決定とみなしていく言説が、それほどの反発も感じられないまま（というより、むしろ実感や共感を喚びながら）、わたしたちの格差認識の一部になってきている。

(2) 内発的要因

こうした格差認識には、しかし、ある種の困難がつきまとっている。それは単に、その人本人の意欲のなさや努力不足に、口実や正当化を与えてしまうことにあるだけではない。それ以上の困難が、別のところにもある。それは、意欲や努力のような内発的要因を周辺環境化してしまうことである。そしてその周辺環境によって決定される帰結（つまり、学力が伸びないなどの帰結）について、当事者を免責してしまうことである。これが困難であるのは、その対称となるケースを描いてみれば分かり易い。つまり、意欲がなく、努力もしない人とは正反対の、意欲に充ち、誰よりも努力する人のパフォーマンスについても、それは周辺環境によるものであり、それゆえリザルト（結果）としての高学力（と、そのまたリザルトとしての将来の高所得）は、当人に帰せられるべきものではない、という対称的なケースもまた認めなければならないであろうか。

そのように考えるのは、明らかに背理である。意欲や努力の欠如と充溢とは、環境の所産という観点からみると、かならずしも対称的な関係には置かれていない。意欲の欠如は環境の所産とみなされ、それゆえ自己責任とはされない。しかし、意欲の充溢の方は、環境の所産というより当人の意思とみなされ、それゆえその果実は自己所有に帰せられる。つまり、人の意欲は、あるときには環境に決定されるものとみなされ、別のときには環境から独立しているものとみなされ、一貫性を損ねる見方になりかねない。

このように、弱い意味での環境決定論を受け入れていくと、どこに行き着くことになるであろうか。仮に――もちろん、仮定法過去の意味での「仮に」だが――人の内発的要因の起源を一つひとつ辿れば、たまねぎの皮を剝ぐように、それらの要因が周辺環境に起因していることが判明していき、ほとんどすべてが、何らかの形で環境要因に決定づけられていることになるかもしれない。もちろん、「決定されている」とはいっても、弱い意味でのことであり、決定のされ方には程度の差がある。決定度に差があるものの、内発的要因が周辺環境に決定されているとみなされていくと、当人の落ち度が免責されていくばかりか、場合によれば社会による補償策さえ請求できることになる。そうした決定されている要因をすべて取り除いていくと、あとに残るのは何であろうか。それはただ、「主体性」などと呼び慣らわされてきた空虚な属性だけである。

主体性は、実存主義者が好んで言うように、環境要因には還元できない（定義上）人間存在のコアである。それがあるから、人は環境から様々な影響を受けながらも、自己責任が問われ、人としての存在の同一性も保っている、とされる。しかし、それは意欲や努力をドライブする心理的な力とは異次元の属性で、敢えて言えば、道徳的・カント的な次元の属性である。実際にはたらくドライビング・フォース（駆動力）を、現実の次元で探り当てていくと、それらの起源はやはり周辺環境の側に回収されてしまう。

要するに、環境決定論を覆すために、環境によって決定されない内発的要因を留保しておこうとしても、限界があるということである。環境決定論を本気で覆そうとするなら、この理論それ自体が何によって決定されているのかを問うしかない。もし、それは何にも決定されずに想い着かれたものだというなら、環境決定論自体の前提が崩れる。また、何らかの決定因があるというなら、その決定因のそのまた決定因をどこまでも遡っていかなければならなくなり、けっきょく決定因は特定できなくなろう。もちろん、こうしたメタ的議論をふっかけるのはフェアーとは言えまい。それは禁じ手である。

(3) 平等な教育？

以上のような思考実験が意味するのは、何であろうか。何よりもそれは、心理的な内発的要因を周辺環境化していくと、「同一の周辺環境」を想定するのは無理になるということである。周辺環境を同一に設定できない以上、格差が生まれるのは不可避である。それが生じないように、周辺環境を調整し、再調整し、再々調整し……ていく作業は、シジフォスの苦役と同様に、スタートラインとフィニッシュとの間を行ったり来たりするだけで、容易に終結しない。結果において生じてしまう格差は、「同一の周辺環境」の認定を許さないのである。「教育の機会平等」論で分かりづらいのも、「平等な機会」の認定がどの時点でなされるかである。へたをすると、この議論は論点先取りの誤りを犯しかねない。結果において平等な帰結をもたらすのが、平等な機会を保障することだ、などと。認定の時点を固定しないこうした言明から伝わってくるのは、言明者の意気込みだけである。結果において平等な帰結をもたらすかどうかに確信がもてないまま、わたしたちは機会を設定せざるを得ないのである。機会の設定とはそういうものである。

「白紙（タブラ・ラサ）」説で知られるジョン・ロックは、『知性指導論』（1706）のなかで、知性に正しい指導が必要である理由を、次のように述べている。その理由は、「平等な教育を受けた人びとの間でも、資質の大きな不平等が依然として存在する」からである、と［Locke 1963 : 207］。平等な教育を受けるということは、結果として、人びとの間で資質が平等化されることを意味してはいない、というのである。もちろん、これも事実問題というより定義問題である。「平等な教育」とは、平等な結果をもたらす教育を意味していない。とりあえず条件を同じにしてなされた教育の機会を、意味しているに過ぎない。（「機会の平等」論については、後にジョン・ローマーの議論に沿って再論しよう。）

4　格差と偏差

(1)　「階層」問題

「同一の周辺環境」と言われるときの同一性は、あいまいである。そのことを、社会学者は百も承知している。承知した上で、特定の指標――よく使われるのは、母親（ないし父親）が大卒か、いなか、など――に関して「同一」とみなされれば、とりあえず「同一の環境」下で育てられてきたとみなして、調査対象を「階層」に束ねていく。それはもちろん、対象の属性を、秘事に踏み込んで事細かに聞き出すことが許されないからだが、そうした技術的・倫理的制約があるにもかかわらず、階層の設定が、設定者の恣意から自由であり得ないことは、強調しておかなければならない。

ラテン語の読み書き能力が、人の「能力」として認められるのは、現代ではきわめて特殊な場面である。ましてや、米俵一俵を担げることが、男子の「能力」とされることはもはやない。要するに、人の「能力」や「学力」は個人に備わる心理的・身体的な資質であるよりも、歴史的に構成される社会学的な特質である。それはよく知られているが、同様に「階層」もまた、格差を目にみえるものにするために設定される、社会学的な被検標本である。

薬学的な治験では、サンプリングの妥当性の証明からはじめられるのが通常である。その上で、新薬の作用と副作用が検証される。どこから採った標本なのか、どうしてその標本で検証されなければならないのかは、決定的に重要である。仮に、結果が先にあって、それを裏づけるために標本が恣意的に切り採られたとすれば、治験自体に重大な瑕疵があるとされてしまう。実験用の標本は、できるだけ自然な、任意なものでなければならないのである。

社会学者の「階層」の設定にも、同様の厳密な客観的手続きが適用されなければならない、ということはもちろんない。むしろ逆である。社会学の被検標本としての「階層」は、結果が先にあって設定される。その結果とは、人びとの間に格差が広まっていることの実証であり、そこから導かれる「格差是正」の要求である。社会学、とりわけて教育社会学がそうした処方学としてのポリシーをもっているのは、教育学の一部門として、むしろ当然である。教育社会学は、決して「価値自由」な科学ではないのであるから。問題は、その処方がどこに向けられることになるのか（つまり、内部環境の整備に向けられるのか、それとも、周辺環境の改変に向けられるのか）である。これによって、被検標本としての「階層」の設定のしかたも変わってくるはずである。実は、この「階層」問題（正しく言えば、「階層」設定問題）こそが「格差」問題の核心なのである。

(2) 格差と偏差

格差とは、同じ階層に属する個人と個人の間にみられる差ではない。それは、階層と階層の間にみられる統計上の差である。しかも、「階層」は単なる「集合」（セット）とも「集団」（グループ）とも異なり、地層のように、同じタテの層構造の上部ないし下部をなす層（ストレイタム）を指している。この階層間にみられる、上層／下層の格付けの差が「格差」である。したがって、格差は、各階層が同じ指標によって上下に配列されているという想定のもとで、階層間に検出されるものである。この意味で、階層間に格差があるのは当然で、社会学者が実証しようとしているのも、格差があるということよりも、格差が広がっている（経年的に）ということである。

そうした階層間の「格差」とは区別して、同じ階層内の個人と個人の差のことを「偏差」と呼んでいくことにしよう。それを「偏差」と呼ぶのは、同じ階層に属する個人と個人の間では、二者間の単独の比較で差が問題化するよりも、標準値からのそれぞれのズレを介して問題化するのが普通であるからである。はやい話が、ライバルのA君と同じ点数を採れたからといって、問題が解決するわけではないであろう。問題は自分がどのくらいの位置にいるかである。

格差と偏差を区別しておくことは必要、かつ重要である。というのは、格差の修正と偏差のそれとはまったく意味の次元が異なるからである。一方は階層間の問題であり、他方は個人間の問題である。格差の修正には、偏差の修正の意味がふくまれない。個人間の偏差がいちだんと広がっていながらも（〝できる〟子どもと〝できない〟子どもとの二極化が進行していながらも）、階層間の格差が縮まるということは充分にあり得る。反対に、階層内での偏差の修正は、階層間の格差の修正の意味をふくんでいない。格差の修正と偏差の修正は、たがいに包摂関係にはないが、二つを重ね合わせて考えていかなければ、「格差問題」の解は得られないのである。

同一の階層内には、標準値からの偏差が異なる様々な個体が分散している。個体の数が多ければ、その分散は正規分布曲線（いわゆるガウス曲線）で描けるかもしれない。それぞれの階層には、それぞれ独自の波形の分布曲線がある。階層間の格差のある／なしは、この分布曲線どうしの間で実証されることだが、多くの場合、それぞれの曲線の中心線の値、つまり標準点の比較によってなされる。しかし、格差はあくまでも階層という群と群とのあいだで成り立つことであり、異なる群に属する個体どうしの間で成り立つことではない。いや、群、つまり階層のなかでそれぞれの偏差で位置づけられている個体を、階層を超えて比較することは、そもそもできることであろうか。そうした認識方法論上の問題が、「格差問題」には付きまとっている。

これは、意外と扱いに手間取る問題である。そのことを、分析的マルクス主義者のジョン・ローマーの議論を引きながら、示していこう。それは、異なる階層間での「機会の平等」の保障策についての、想像上のケース・スタディ（「ローマー・ケース」と呼ぶことにする）についての議論である。

5　ローマー・ケース

(1)　努力水準と努力度

ローマーはまず、二つのタイプの階層と、それぞれに属する子どもたちを、次のように特徴づけている。「一方のタイプは、ブラックの子どもたちから構成されていて、その子どもたちは都市の人口密集地に住み、家庭は単親で、兄弟姉妹が多く、親は高校を卒業していない。それにたいして、もう一方のタイプは、上・中流階層の子どもたちから構成されていて、その子どもたちは郊外に住み、兄弟姉妹は二人以下で、親はどちらも大学を卒業している。そして、第一のタイプの子どもたちがかたむける努力の水準は、一から七の間で分布し、平均は二・五である。第二のタイプの子どもたちのそれは、三から八の間で分布し、平均は五である。」[Roemer 1998：13]

二つの階層内には、それぞれ、努力水準の偏差の異なる子どもたちが分布している。その分布曲線は、第一タイプの階層では水準一からはじまり、水準二・五の標準値でもっとも高くなり、そのあと水準七までなだらかに下降していく。第二タイプの階層では、水準三からはじまり、水準五の標準値で最高点となり、水準八にまで下降していく。こうした異なる分布曲線をもつ二つの階層を想定して、ローマーは次のように問いかける。二つのタイプの間で、努力水準の分布の幅と標準値が異なるのはなぜか、と。そしてこの問いに、平等主義者ローマーはこう答える。すなわち、それは努力することの価値、つまり学力を上げることがどれだけ報われるかを、子どもたちがそれぞれの学校と家庭で観察し、推察した結果である、と。こうしたローマー・ケースについて、さらに分析を加えていくことにしよう。

第一のタイプの子どもは、第二のタイプの子どもと比較して、学校でも、家庭でも、努力して学力を上げることに、それほどの価値を見出すことができない。そのため、努力水準を高めに設定することもしない。この傾向は、一人ひとりの子どもが自分自身の努力水準を設定するときの内発的誘因となり、子どもたちは、低位の努力水準をみずから選び取ってしまっている。しかし、こうした選択意思の形成には、周辺環境の影響が深く関わっている。この点が、ローマー・ケースの眼目である。

どれだけ努力をかたむけるかの決定因が、周辺環境に帰せられるということは、いったい何を意味しているのであろうか。それは、おおよそ次のようなことを意味している。例えば、第二タイプの階層に属する子どもで、努力水準がちょうど標準値の五である任意の子どもも、仮に第一タイプの環境下で育てられたとすれば、努力水準は第一タイプの標準値の二・五に止まっていたはずだと推定できる、ということである。反対に、第一タイプの階層に属する子どもで、努力水準が二・五の任意の子どもも、第二タイプの環境下で育てられれば、努力水準は五になっていたはずだと推定できる、ということである。

要するに、周辺環境に左右されなければ、第一タイプで努力水準二・五の子どもと、第二タイプで努力水準五の子どもは、同じ水準の努力をしていたはずであるから、第一タイプの努力水準二・五と、第二タイプの努力水準五とは、努力度において同じであり、学力達成への期待値においても同値であるとみなされる、ということである。このようなみなしを、ローマーは「思いやり推定」(assumption of charity)などと呼んでいる。

(2)「下に厚く」

一人ひとりの子どもの努力は、しばしば「学校外学習時間」などを指標にして測られる。しかし、この測定値を、階層を超えて比べることには問題がないわけではない。努力への意味づけが、階層ごとに違うからである。「思いやり推定」を適用するならば、異なる努力水準でも、それぞれの階層内での努力度が等しければ、同じ価値を有するものとみなされる。階層間での教育資源の分配比率は、この推定にもとづいて決められ、周辺環境の違いが学力格差に直結しないように政策面で配慮がなされるべきだ、とローマーは主張するのである。いわゆる「下に厚く」の分配である。

教育の機会をふくむ教育資源の分配は、どの階層に属する子どもも、同じ努力度(努力の量ではなく)を示しているなら、同じ達成が得られるように調整されるべきである。これが平等主義の分配原理である。ローマー・ケースで言えば、第一タイプの子どもは、第二タイプの子ども以上の努力をかたむけなければ追いつけない、というような不公平な競争にならないように教育資源の分配面から配慮がなされるべきだ、ということである。これは、どのような境遇にあろうと、同じように努力すれば同じように報われる、という伝統的な道徳律に沿うものでもある。

6　努力と実績

(1)　階層内偏差

だが、そうした階層間の「機会の平等」策を講じても、階層内の偏差とその分散は依然として残ろう。階層内では、偏差の分散は、それぞれの子どもが選び取る努力水準の違いに帰せられるからである。ローマーの言う「思いやり推定」のような原理は、あくまでも階層間に適用される格差調整原理で、階層内の偏差の分散に適用されるものではない。「思いやり推定」は、どの階層に属していても、競走場に同じ条件で参加できるようにすることを目指しているが、同じ階層に属する者は同じ賞に価する、などというようなことまで求めていない。それだけに、競争は階層間ばかりでなく、いやそれ以上に同じ階層内でいっそう厳しいものとなる。同じ階層内では、モビリティを高めていく配慮はなされるものの、周辺環境が「同一」とみなされるため、あとは努力をした／しないで教育の機会をふくむ教育財が競争的に振り分けられる。それは避けがたいとしても、競争が公正になされるようにしていく配慮は必要であろう。

努力しても報われない人がいる一方で、努力しなくても報われる人もいる。それは、努力と実績とが、かならずしもともなって高まるものではないからである。入試などの合否判定で、個人が実際に為したことよりも、有しているものが決め手になるならば、当人の努力では及ばない要因によって、教育の機会が振り分けられることもあり得る。個人が有しているもののうち、努力によって得たものとは言えないような生得的な特性――なかでも特徴的なのは、ＩＱなどの受け継がれた特性――がそれにあたる。それは、教育機会の分配の判別基準にどこまでなり得るであろうか。

　IQの高い／低いは、定義上、個人の「力を越える」要因である。それゆえ周辺環境に算入されるべき要因である、とみなされるならば、「思いやり推定」により、IQの低い者の方に有利な資源配分が配慮されることになろう。しかし、「思いやり推定」はあくまでも階層と階層との集団間調整の原理である。IQの高い／低いで階層が設定されるなら話は別だが、IQのスコアを統制することのない群（受験生たちのような群）では、それは配慮されない。入試では、努力度よりも実績で判断されるのが普通である。一生懸命がんばれば合格させてもらえる、という保証はないのである。

　もちろん、IQのような生得的な特性に秀でた者を優先的に選抜するのは問題があるが、反対に、IQの低い者に優先的に機会を分配するのも、少なくとも入試の合否判定では合理性がない。そこで、IQなどを判別基準から外すことになるが、そうなると、それらの特性は個人の性向の構成要因の側に回収され、努力性向を背後でドライブ（推進）する潜在的因子として、高い潜在能力を有する者（しかも、非獲得的に有する者）に有利にはたらくことになる。これにより、同じ階層内にも格差が固定し、世代間で再生産されていくことになりかねない。階層内偏差が、階層間格差に繰り上がっていくのである。

(2)　平等感・公平感

　多くの社会学者や経済学者が実証してきているように、前世紀の終わりの二〇年間に、人びとの所得格差がいちだんと広がり、「勝ち組」と「負け組」の格差が固定してきていると言われている。人びとの意識も、もはや平等な分配を求めなくなり、それに代わって公平な分配を求めるようになってきた、とも言われる［高坂 2000］。この場合の公平感とは、実績を挙げていないし、努力もしていないのに平等の分配を受けるのは不公平だ、という感覚であろう。もちろん、自己努力と自己責任を棚上げにして、「誰にでも平等な分配を」という要求を出すことは支持されないであろうが、どれだけ実績を挙げられるかや、どこまで努力できるかは、親の経済状況や家庭の文化資本などの初期条件によっても決定される。この初期条件が平等でないからこそ、かつてジョン・ロールズは、資源の公正な再分配を求めたのである（詳しくは、第三章「平等理論と多様な能力」で述べる）。

それにたいして、近年の変化、つまり平等な分配から公平な分配への意識の変化は、人びとの意識のなかで、不平等な初期条件への配慮が切り捨てられ、初期条件が個人の実績のなかに組み入れられてきていることを示している。当人の力の及ばない次元での不平等の再生産が、そのまま受け入れられてきているのである。

もちろん、平等と公平が択一的な指標として対極的に置かれることはない。それでも、二つの指標の組み合わせは齟齬をきたし、位置関係の調整が必要になってきているのはたしかである。「公平に分配するということは、平等に分配することだ」とするロールズ流の平等主義は、そのままでは通用しがたくなってきている。価値の指標として、平等と公平は乖離し、裏腹の関係にさえなってきている。

しかし仔細にみていくと、人びとの平等感と公平感との間に、なお入り組んだ絡みがあることがみてとれる。一九九五年版『社会階層と社会移動全国調査（SSM95）』で報告されているように、資源配分のあり方についての四つの原理、つまり「実績重視」、「努力重視」、「必要重視」、「均等重視」のうち、人びとから圧倒的な支持を受け、公平感進出の根拠ともされている前の二者、つまり「実績重視」と「努力重視」の間にも、ある種のねじれ現象がみられるからである。

というのは、理想的な分配原理を問うと、二二・九％の人が「実績重視」を支持しているのにたいして、「努力重視」を支持する人は五七・一％にのぼっており、「努力重視」が明らかに優勢である。一方、現実に今支配的な分配原理は何かと問うと、五二・六％もの人が「実績重視」でなされているとみている。それにたいして、

「努力重視」でなされているとみる人は一八・八％に止まり、逆転している［浜田・石田 2003］。大半の人は、理想としては「努力重視」で分配がなされるべきだとしつつも、現実の社会では「実績重視」で分配されている、とみているのである。

メリトクラシーが支配する実社会では、「実績重視」で資源分配がなされるのが現実であり、公平でもあるのかもしれない。それでも、学校という内部環境のなかでは、努力を阻害する要因をできるだけ排除して、子どもたちの意欲と努力を鼓舞して（ときには、たがいに競い合わせながらも鼓舞して）、実績を挙げさせていく。それ以外に、子どもたちを実社会に送り出す有効な手立てはみつけがたい。

7　モラル・ラック

(1)　周辺環境

そろそろ、周辺環境と内部環境の間に引いた補助線を、消してもよいところまできたようである。

たしかに、学校（という内部環境）を卒《お》えて、実社会（という外部環境）に赴くという制度上の通過儀礼は、社会の機能としてまだ残っている。特に、資格付与など形式面の機能はそうである。しかし実質面では、境界を越えて、実社会がすでに学校に入り込んできている。学校が実社会にはみ出している、という見方をしてもよいかもしれない。それは単に、インターンシップや、サーヴィス・ラーニングなどの体験学習のカリキュラム化だけを指しているのではない。実社会への適応を準備する潜在カリキュラムが学校にあるように、実社会には、学校教育から引き継がれる潜在イニシエーションがある。どちらも、それぞれの持ち場だけでは完結できない。二つの切れ目はしだいにはっきりしなくなってきている。

内部環境を「内部環境」たらしめているのは、回避しがたい決定力をもつ周辺環境の存在である。内部環境が教育により操作可能なのも、操作不可能な環境要因を、周辺化してきたからにほかならない。この枠組みとしての周辺環境が、こんどは内部化してきている。しかしそれは、教育の操作可能性が「周辺」にまで及ぶようになる、ということをかならずしも意味しない。それはただ、内部環境にたいする教育の操作が、ますますシミュレーション化することを意味するだけである。とはいえ、シミュレーションだから現実の操作ではない、というのではない。シミュレーションと現実の操作との境界がはっきりしなくなり、手段（ないし準備）としての教育と、目的（ないし過程）としての教育との区別がつけがたくなる、ということなのである。環境と教育との「入れ子」状の関係から派生する〝躓きの石〟的問題、つまり「デューイ問題」はあらたな局面を迎えている。

(2) 生のヒストリー

最後に、道徳哲学者として名高いバーナード・ウィリアムズが『モラル・ラック（道徳的な運）』（1981）のなかで述べた言葉を引き合いに出し、結びとしよう。ウィリアムズはこう言う。「エージェントとしての人のヒストリー（履歴）は、ウェブ（網目）を成している。そのウェブのなかでは、意思の所産であるどのようなものも、意思の所産ではないものによって取り囲まれ、持ち堪えられ、また一部はそれによって形づくられているのだ」と［Williams 1981：29］。

人の生は、単にその人の意思だけで切り開かれてきたものではない。今の自分の成功に結び付いている必然的な運と、そうではない偶発的な運とに導かれながら営まれてきたものである。それらの全体が、その人のヒストリーを織り成している。しかも、必然的な運と偶発的な運との区別は、あとから振り返ってそう言えるだけである。その区別は、意思によって判別できるものではない。意思によりコントロールできるものと、できないものとの不確定なウェブが人の生そのものである。それゆえ、幸運にしろ、不運にしろ、運の所産をすべて清算して、その人自身の真の生を洗い出そうとすると、その人のヒストリーそのものを洗い流してしまうことになる。それは、その人の通時的な同一性、つまりアイデンティティを消し去ってしまうばかりか、過去の回り道や挫折をふくめて、その人が懸命に生きてきた証を認めないことにもつながる。

操作可能な内部環境だけで、人の生のヒストリーを書き上げることはできない。内部環境自体が周辺環境を枠組みとして成り立っており、それの意味と価値がみえてくるのも、周辺環境を準拠枠とするときである。だから、人が周辺環境に身を委ねるほかない面はどうしても残る。

ただ、偶発的な運によって、人に不平等にもたらされる実績を、その人自身に帰することが道徳的な観点から正当化できるかどうかは、さらに検討の余地があろう。例えば、よき才能を授かり、よき育ちを享《う》けた人が、そのままよい教育の分配にも与り、そこから得られる果実をひとり占めしていく。そういうことが、道徳的に認められることなのかどうか。こうした「モラル・ラック」問題に、カント主義者や、カント主義に依拠するロールズ主義者は、そういうことは認められないと懐疑的なスタンスで臨むであろう。ロールズが求めた「資源の再分配」も、人は道徳的なエージェントとしては、どの人も同じ権利を有するとされるからである。

たしかに、受け継いだよき才能と、生まれ落ちたよき育ちについて、「わたしはそれに価する人間だ」などと権利を主張できる人は、道徳的には誰もいない。どのような環境に生まれ落ちるかをふくめて、運は誰にとっても恣意的なものである。そうした才能と生まれの恣意性を重くみたのがロールズである。

こうした議論をどこまでも純粋に延長していくと、生まれついた才能をふくめて、一人ひとりの能力を社会全体の資産に帰する「コモン・アセット（共同資産）としての能力」論にまで行き着くことになろう。しかし、それはあくまでも道徳的な次元の話である。道徳的には同じ権利の主体であるからといって、人びとから、それぞれの多様な生のヒストリーを奪うわけにはいくまいし、だいいち、その「共同資産」を誰が管理し、どのように運用すればよいのか、という難問も生じてしまう。むしろ、「モラル・ラック」問題として問われなければならないのは、一人ひとりにそれぞれ異なる運／不運が授かっていることを、事実として受け止めながらも、どのようにして、おたがいの生を実りあるものにしていく社会を築くかである。「格差問題」の解を、格差是正という平準化された状態に求めることで思考停止してしまう前に、もう一度問題を、社会とそのなかでの多様な生のあり方から問い直していく。そういう規範的な判断を要する課題が、残されているのではないか。

よく知られているように、ハンナ・アーレントは、人びとの「生まれ」（ネイタリティ）の多様性にこだわり、それがあるからこそ、社会は硬直化と陳腐化から免れているのだとした。それをアーレントが、「世界を救うミラクル」だと呼んだことも、今さらながら想い起こされる［Arendt 1958：247］。

第二章　階層と個人の選択意思

1　「格差問題」から「排除問題」へ

(1)　社会学的研究戦略の転換

学習指導要領に定められた標準的な到達水準を超えて、「発展的な学習」を進めていくことが公認されたり、義務教育段階の教員の給与にたいする国家の補助金の負担率が下げられたり、一般財源化されたりするなどの施策により、教育を受ける機会と、そこから帰結するパフォーマンスに、個人間でも地方間でも格差がさらに広がろうとしている。格差は、個人の学力や地方の教育条件のみならず、将来の個人の所得や地方の豊かさの差にも及ぶことが予想される。それでも、競争原理の導入により、全体の学力水準や生産効率が上がるなら格差の発生は必要悪である、とする見方もないわけではない。そういう格差容認の見方に対抗して、「格差を広げるな」と今もっとも活発に発言していたのは、社会学者、とりわけて教育社会学の研究者であった。

もとより教育社会学者は、かならずしも水平主義者（レヴェラーズ）ではない。そうした急進派の人びとほどには徹底した平等の実現を目指してはいないし、そのことで批難されることもない。教育社会学者にとって関心事は、主として、格差が階層や地域に結び付き、不利な立場にある人びとを固定化していることにある。不利な階層の出身の子どもは、努力性向を抑え込まれ、結果として親の階層に組み込まれている。こうした教育による階層の再生産構造を実証するとともに、それが実践面での手立てや、政策面での支援で乗り越えられない既定の事実ではないこと、例えば「下に厚く」配慮がなされれば、どの子どもも等しく努力性向が解放されることを示していくことに、教育社会学者の研究と提言は集中している。

こうした教育社会学者の、やや抑え気味の研究戦略はどこからきているのであろうか。それは、社会的生産力の効率性を無視してまで、平等性に価値を置くようなイデオロギッシュなスタンスは「思想（社会思想）」とは言えても、「科学（社会科学）」とは言えない、という禁欲的な学問観からきているのかも知れない。そうした理念が背後にあるため、社会を構成している枠組み、とくに階層（class）という枠組みを崩してまで、平等性を実現しようとするラディカルな発想は採られていない。ましてや、マルクス主義者のいう「階級（class）の廃絶」のような下部構造の〝変革〟を先行させる立場とは、距離を置いている。教育社会学者の目標は、階層間、地域間での人の出入りを流動化し、不平等をならすこと、つまりモビリティを高めることに止まっており、それは教育社会学者の限界というより矜持というべきであろう。

それでも、日本の社会の様態が「総中流社会」から反転して「階層化社会」、「不平等社会」に向かいつつあるとき、そしてまた、義務教育にたいする国家の関わり方の変化により富める地方とそうではない地方との両極化が進もうとしているとき、教育がこのつくり出された現実を既定方針として営まれていくことに、教育社会学者は攻撃の手を緩めない［苅谷 2001；佐和・藤田 2004］。これは、教育学研究の社会的レリバンスを示す果敢な試みとして、評価されなければならない。

しかし、「階層」への問題関心の集中に重大な陥穽があることにも、注意を向ける必要がある。というのは、格差の検出は「階層」や「地方」という集合的な単位でなされるだけでなく、それぞれの属性を越えて、個人・家族単位でもなされなければならない時代に、わたしたちはすでに突入しているからである。こうした時代を、「脱構築の時代」と呼ぶかどうかは措くとしても、家計をぎりぎりまで切り詰めて子どもへの教育投資を行い、私立学校への逃亡という「ブライト・フライト」（苅谷）を試みるのは、経済的に余裕のある階層の家族だけに限られなくなっていることは確かで、教育機会の取得をめぐる格差は、階層の枠を越えて拡散し、個人の次元でも普遍化している。この傾向を、再び「階層」という枠組みでとらえ込むこと、換言すれば、ブライト・フライターの属性を指標化して、いっそう包括的な「階層」に構成し直すことは、網をすり抜けた魚を一回り大きな網で掬い取るようなものである。それがこれまで以上に目の細かな網だと、目詰まりを起こしてしまい、同じ属性の者でも、とらえられたり、とらえ損なったりする。その上、「階層」による人びとのとらえ込みは、かならずそこから排除される人びとを周辺化せずにはおかない。そうした方法論の難点が「階層」には付きまとっている。それを避けるには、「階層」の枠ではとらえがたい「個人」のレヴェルでの「差異化」行動を直視することが求められる。これは、教育の機会が階級・階層に一対一で特定化されなくなり、すべての人にすべての機会が開かれていること、言い換えれば教育の機会が社会の共有財として存在し、それへの参入に人びとが自己負担を厭わなくなってきていることを見据えるならば、緊要に取り組まれなければならない課題である。

社会学者、樋口明彦は階層的アプローチから「社会的排除」アプローチへのパラダイム転換について、次のように紹介している。「現代社会の多元化したリスク状況を反映し、一九九〇年代以降、ヨーロッパにおける社会科学の文脈では、今日の新たな不平等問題は社会的排除 social exclusion と表現されるようになり、所得格差に依拠した従来の貧困概念から、生活における多面的なリスクに焦点を当てた社会的排除概念へと理論的枠組みが大きく変わることになった」と［樋口 2004：3］。教育社会学者の近藤博之も、「このような形で不平等の個人化が進んでいけば、格差是正をもとめる動きに対しては『なぜ平等でなければならないのか』という根源的な問いが必ず突きつけられるようになる。この時期に著しく換わったものがあるとすれば、それは不平等事象に対する人々の認識の方なのである」と指摘している［近藤 2001：6］。

もちろん、このように研究戦略を転換する前に、課題設定をもう一度振り出しに戻すこともできないわけではない。すなわち、機会がすべての人に開かれている、と言うが、すべての人が同じ条件でそれに参入できるわけではなく、スタートラインに立たされた時点で、人びとは依然として、経済的にも、能力的にもさまざまなハンディが背負わされており、それらをならした上でなければ、「機会はすべての人に開かれている」とは言えないのではないか、と。

しかし、教育の機会、資源、効用など、引っ括めて教育財の争奪をめぐる戦いは、子どもと家族の安定を将来に求めようとする志向――ネガティヴに言い換えれば、リスク社会の社会的排除メカニズムに組み込まれて周辺化されていくことから免れたい、という自己防衛的な志向――として、すべての階層の人びとに拡散している。もはや、この争奪戦から超越できる特権的な階層は存在していないし、それを忌避して〝より人間的な生き方〟を貫こうとする奇特な人びとも、階層としては確認できない。階層を超えてすべての人びとが教育財の争奪戦に巻き込まれているのである。いま進行中の「教育改革」も、社会的排除からの回避を求める「個人」レヴェルの志向が普遍化しているからこそ、受け入れられ、支持さえされているのである。この事態を精確にとらえるために、どのような視点の転換が求められるのであろうか。「階層」に代わる新たな枠組みを手に入れようとする研究が、教育社会学者のなかからも起こっている。その例を引こう。

(2) 包摂と排除

教育社会学者、卯月由佳は、「人格の多面的な評価は文化資本に恵まれた家庭の子どもにとって有利になるはず」であったのに、「日本社会では、経済資本に恵まれた家庭の子どもが、『学力』を求めて人格の多面的な評価を逃れようとする状況が起きている」として、そうした「学力」を求めての公立学校からの脱出状況をつくりだしてしまった契機として、一九九一年改訂の学習指導要領以降導入されている「新学力観」を挙げている［卯月 2004a］。卯月によれば、公立学校からの脱出は、「関心・意欲・態度」をふくめて子どもの達成を多面的に評価する「新学力観」が教師による個性評価の標準化と画一化を招き、この標準に乗りきれない者と、知識中心の評価を望む者とを排除してしまった結果である。それゆえ公立校残留組と脱出成功組との間の不平等は、単に、「下に厚く」策などによる社会階層間の格差の縮減とともに解消されるものではない。そうした従来型の財の再分配は、ただより多くの者を脱出競争に参加させるだけである。そこで卯月は次のように結論づける。「これまで教育社会学が分析してきた《私的財としての教育》の分配における社会集団を単位とした不平等だけでなく、《公共財としての教育》、つまり知識の分配における個人を単位とした《排除》へと、問題の射程を広げることが求められる。」［卯月 2004a：182 傍点は引用者］

「不平等」問題が、これまで社会集団を単位として構成されてきたことが事実であるとしても、「排除」問題が、個人を単位として成立するかどうかは、分配される知識の性格しだいであろう。知識社会学の知見を引くまでもなく、学校教育を通じて分配される知識が、今なお公共財――公共経済学で言う、非競合的であるがゆえに公的負担で供給される財――に留まっているかどうかの問題は措くとしても、脱出者（潜在的脱出希望者をふくめて）が知識の使用価値より交換価値に重みを懸けてきているのは確かで、それだけに、私立中学や進学塾などのような、交換価値性の高い知識の習得と「学力」向上に特化した教育機関が、今後もいっそう選好されていくのは避けられない傾向であろう。そうしたとき、学校を通じての知識の分配が、文化資本の相異を反映して階層間で不平等な達成を引き起こしている、という点に問題を収斂させてきた「これまでの教育社会学」に代えて、知識の分配を「個人を単位とした《排除》」の問題に広げていくということは、新たな方法論上の問題を提起せずにはおかない。すなわち、「階層」から「個人」へと分析対象を戻し、問題の重心を「(階層間の)不平等」から「(個人の)排除」へと移していくとき、個人の特性が社会階層などの集合的特性に帰属させられることなく、いったい何を指標に同定されていくのか、という問題である。知識を分配される諸個人の間に、階層関係などを媒介とせずにどのようにして排除関係が生じてしまうのであろうか。

(3) 知識と排除

異分子を排除するだけでは、社会・集団の安定は得られない。排除した異分子を、あらたにどう抱え込むかを同時に政策課題としていかなければ、社会・集団の不安定性は解消しない。現代社会においてインクルージョン(包摂)が政策課題となってきたのも、排除の乗り越えという「正義」の名のもとでというより、社会の安定化という全体としての福利(welfare)の確保のためである。政治の世界だけでなく、教育の世界でも「インクルージョン教育」などの名目のもとでインクルージョンが注目されてきているが、それもまたイクスクルージョン(排除)を解消するためではなく、一方が他方を排除しつつ内部に包摂するためである。この意味でインクルージョンは、対等な立場での共生・共存を求めるインテグレイション(統合)とは、趣旨が大きくずれている。

異なる文化的背景を有する人びとが構成する多文化社会では、単一文化の社会の場合と比べて、社会全体の意思決定にすべての人が平等に関われるわけではない。実際には、「社会的・経済的な不平等と政治的不平等との間には不可避的な循環があって、それが、権力を有する者に形式民主主義の諸手続きを使用するのを可能にし、その結果不正義を永続させ、特権を保存させている」とアイリス・ヤングは言う。つまり、社会的・経済的に優位な者が政治的な決定権を握ってしまっているのが現実である。この「社会的・経済的な不平等と政治的不平等との不可避的な循環」を断ち切る処方として、ヤングは「民主主義的なインクルージョンを拡大していく」ことに着目したのであった［Young 2000：17］。

ヤングはまた、民主主義のモデルとして、①それぞれの選好を所与のものとし、その中身には立ち入らず、それぞれの選好の支持者の集計により全体の意思を決定していく「集計民主主義」（aggregative democracy）から区別して、②「どの選好が最も多数の支持を得たかを決めることによってではなく、最良の理性によって支持されるのはどの集団のどの提案かを決めることによって、参加者が決定に到る」ような民主主義、つまり「討議民主主義」（deliberative democracy）を推奨する［Young 2000：18-31］。討議民主主義では、当然のこととして個人の「自己決定」（self-determination）の価値がたがいに尊重されるが、それとともに、個人の「自己決定」を実質化していくための不可欠の前提として、個人の「自己発達」（self-development）の価値が重要視される。「自己発達」の価値の重要視は、人びとの間で潜在能力を平等に開発していくことを重視するアマルティア・センの考えを引き継ぐものであるが、ヤングはこれをさらに拡大して、「すべての人が、社会的に認められた施設で、満足のいく、つぶしの効く技能を学習し、かつ実際に使用できるような条件を調え、すべての人が他者とプレイし、コミュニケートし、また他者が聴いてくれるような場面で社会の生活について、自分の感じ方と見方を表現できるようにするのが、正しい社会制度（just social institutions）だ」としている［Young 2000：31f.］。

こうした個人の自己決定「能力」の内実をなし、それによって討議民主主義に参加していくことを可能にするのが知識である。知識は、その普遍的・客観的な通用性という本来的な性格のために、その分配の不平等により、個人間に排除関係を容易にもたらしてしまう。知識は人びとを包摂しつつも、その分配により排除もしていくのである。

もとより子どもが個人として意思決定できるまでに、周辺環境からの影響は無視できない。とりわけ親からの影響は決定的要因である。それを親の最終学歴などを指標に出身階層別に類別して、子どもの努力性向にみられる階層格差をこれまでの教育社会学は実証してきた。それにたいして卯月は、別の論文で従来のデータの再解釈を試みながら、「小中学生の努力と目標に、固定的な意味で階層間格差が存在するとはいえず、階層ごとに分断された価値意識が発見されたわけではない」とし、今後の公共政策の課題として、「子どもを親の影響から自由にするという目的を優先して、学校が子どもの成績を解釈、判断することを引き受け、積極的に子どもの努力と目標の形成に働きかける」ように提言している［卯月 2004b：129］。親の階層の文化資本とは独立に、そして親個人の思い入れや思わくからも自由に、どの子どもも平等に努力を払うことができるようにする。それを学校が知識の分配を通して積極的に促していくようにするというこの提言は、子ども間の努力差と達成差を、階層間の格差にも、親の思い入れにも責任転嫁することを許さない、重い政策課題を学校に負わせかねない。子どもが一人ひとり背負わされている境遇の運／不運、能力のある／なしは、学校といえどもそれらをデフォルトしてかれらの努力をゼロから促すことのできないほどの事実性と、多様性をふくんでいる。平等主義者たちの「機会の平等」論も、格差の責任をどこまで当人の努力に負わせ、どこから公共政策の対象にしていくかの見極めをめぐって展開されてきたことを想起すると、問題は一回転して、個人間での知識獲得競争という新たなステージに載せられたといえよう。

2　個人の選択意思の形成

(1)　アンティシペーション戦略

スポーツの競技や入学試験がそうであるように、人と人との間の競争は不平等な条件のもとでなされるというより、少なくとも手続き上は平等な条件のもとでなされる。資本家と労働者との関係も、表向き労働力商品と賃金との対等な交換関係として正当化されている。社会哲学の古典『リヴァイアサン』（1651）の著者トマス・ホッブズは、人びとは自然状態のなかで「万人にたいする万人の闘争状態」にあるとしたことで知られているが、そのホッブズもまた、人間は他の動物とは違って「もっとも弱い者でももっとも強い者を殺せるだけの強さをもつ」と言えるほど、「自然は人びとを心身の能力において平等に造った」としている［Hobbes 1651（1997）：110］。

その上でホッブズは次のようにつづけている。「こうした能力（ability）の平等から目的達成への志望（hope）の平等が生じてくる。そしてそれゆえ、もし二人の人が、同時に満たされることが不可能であるにもかかわらず同じことを願望するならば、かれらは敵同士になる。……この相互の警戒から逃れて自分だけの安寧を確保しようとすれば、機先を制することより合理的なことはない」［Hobbes 1651（1997）：111］と。機先を制すること、つまりアンティシペーション（anticipation）は戦時の先制攻撃にその典型がみられるが、よその家庭に先んじて早期から周到な進学準備をするなど、子どもの教育におけるアンティシペーションも、社会が保有する教育財の先取ばかりでなく、将来の物質的・非物質的財の取得にたいしても有効な戦略とされよう。そうした戦争（「受験戦争」）にも擬せられる教育におけるアンティシペーションも、階層差を超えて、能力の平等とそこから生ずる志望の平等ゆえに採られる戦略である。そしてそれが「合理的」(reasonable)であるのは、よその家庭よりも、より早く、より密に、より長く準備教育をすることができる限りにおいてであって、すべての家庭で同じように早く、同じように密に、同じように長く一斉に準備教育が取り組まれるようになれば、合理性は失われる。つまり、相対的優位を保つことが合理性を生むのであり、そのためにも教育における／教育によるアンティシペーションは枢要な戦略である。

しかし実際は、アンティシペーション戦略の合理性が失われるような事態は回避される。というのは、すべての家庭が最後まで同じ財の取得をめぐって〝死闘〟を繰り広げるようなことはなく、多くの家庭は途中で、いや出発の時点でさえ教育財の取得競争から降りてしまうからである。誰からも強制されたわけでもなく、「あの有名進学校は、自分の子どもが行くべき学校ではない。自分の子どもには、もっと伸び伸びと個性を大切にしてくれる学校こそがふさわしい」などとしてしまうからである。こういう消極的選好を、ジョン・エルスターはイソップ寓話からタイトル名を採った著書『酸っぱい葡萄』(1983)で、「転覆した合理性」(subversion of rationality)ととらえている。一部の人びとによるアンティシペーション戦略の合理性は、他の多くの人びとの「転覆した合理性」によって支えられているのである。

(2)　順応的選好の形成

日本の学会では合理的選択論者として知られているエルスターが、一貫して強調しているのは、人の自由意思による選択が社会的・制度的制約下でなされていること、しかもそうした制約を人はみずからの意思で受け入れてしまうこと、言い換えれば、取得不可能なことにはじめから選択意思をもたないこと、それゆえ選択の積み重ねとしての人の生は自由意思の結果というより制約下の選択の副産物であること、である。そうであるならば、選択の結果（としての人の生）は、単純に自己責任に帰せられてよいことではなく、人は何を選択し得たのか、人は何を選択し得ないものとして諦めてきたのか、という制約条件と、その制約下で意思が形成されてきたプロセスを遡及していくことが必要となる。ここに、選択が道徳問題として社会的に問われていかなければならない理由がある。

エルスターの問題意識は次の点にある。すなわち、「個人の欲求の充足が、正義と社会的選択の規準とされなければならないのはなぜであろうか、個人の欲求自体が選択に先行するプロセスによって形成されたものであるかもしれないのに。また、可能な選択肢のなかからの選択は、個人の選好のみから説明されるべきなのであろうか、人は自分の志望を潜在能力に順応させがちであるのに。」［Elster 1983：109］

個人の選択をその人の選好によって説明し、社会的選択を個人の欲求の充足によって正当化していく。例えば、人が「東大は自分が（自分の子どもが）志望すべき学校ではない」と選好する——選好しないことを選好するのでエルスターは「メタ選好」と呼ぶ——のは、ある種の教育機会の享受から自分たちはすでに排除されている、という確信が形成されてしまっているからで、このように現状満足的に形成された選好で社会的分配を正当化するわけにはいかない、というのがエルスターの見方である。エルスターは、選択に先行するプロセスによって形成される選好を「順応的選好」（adaptive preferences）と呼び、それの形成を「順応的選好形成」（adaptive preference formation）と呼んでいる［Elster 1983：11］。この順応的選好形成論の矛先が、選択を個人の選好から正当化する功利主義に向けられているのは明らかである。

このように、「選択する」という自発的行為が「選択させられている」という半ば強制された行為でもある状況下で、学校選択制が導入されている。このことを想えば、選択行為について、その道徳的な意味の次元にまで掘り下げて考えておく必要があろう。

(3) 道徳的な問題

「階層」問題としてだけでは処理できない問題に、学校選択制がある。これは階層帰属を超えて、一人ひとりの個人に選択を迫ってくる。

「学校の自由選択制」の導入の政策意図をみる限り、教育において選択は、学校改善――精確を期して言い換えれば、教師たちによる学校の改善――のインセンティヴを学校の外部からもたらすものとして期待されている。学校を、これまでのように教育のサプライ・サイドとは位置づけずに、教育のディマンド・サイド側に引きずり出し、選ばれる学校への改革意欲を引き出そうとする狙いである。選択制の導入は、学校の内部からの自発的な改革に代わる切り札として、期待が寄せられている。だが、ここで特徴的なのは、選択それ自体には手段としての価値しか認められていないということである。そのため、選択制の導入は教師たちの間に改革意欲を喚び覚ます効果が認められれば、成功したことになり、政策意図は正当化されることになる。

しかし、ここには論点の重大な見落としがある。それは、教育と選択との間には効果だけでは測れないもっと本質的な関わりがある、ということである。その関わりを、ジョン・ロールズの用語法に従って「道徳的な問題」と呼んでいくことにしよう。

一般に、選択という行為は一人ひとりの個人の自由意思の表われである。しかし、その意思の表われはさまざまな要因により制約されており、誰もが同じ前提のもとで選択をしていくわけではない。教育を受ける機会の不平等も、この選択という行為の前提条件のバラツキから引き起こされている。前提条件のバラツキのなかでも、例えば先天的に障害をもって生まれてきた人の場合のように、当人には責任のない「恣意的」（arbitrary）なことがらにより選択が制約されている場合、しかもそれが放置されている場合に、事態は「道徳的な問題」として浮かび上がってくるのである。「道徳的な問題」へのロールズの着目は、選択を個人の自由意思と自己責任の問題から、社会的な補償（redress）の問題へと視野を広げていくことにつながっていっている。[1]
しかし、「道徳的な問題」は、ロールズとは対極的な立場の側からも浮かび上がってくる。ロバート・ノージックは福祉国家による強制的な財の再分配に強力に反対したことで知られているが、ノージックにとっては、たとえ弱者救済の名のもとでも、国家により自己所有が侵されるのは「道徳的に問題」であった[2]
選択を人びとの自由意思に任せるということには、つねにこの「道徳的な問題」がつきまとっている。それは学校の自由選択制についても例外ではないが、この制度の導入については教育を選ぶ側につきまとう「道徳的な問題」は深層に沈んでいき、選ばれる側の「技術的な問題」のみが表層化しているのは特徴的である。そこで、教育を選ぶという行為に関わる「道徳的な問題」を考察していくことにしよう。

3　選択の道徳的問題性

(1)　選択の因果説

数あるレストランのなかから、特定のレストランを「安さ」のゆえに選んだとしても、非難されることはない。「安さ」ゆえの選択は、それなりに合理的（reasorable）な選択であり、少なくとも道徳的な事柄があれこれ取り沙汰されるとは考えにくい。同様の基準で子どもの進学先を公立のA中学にして私立のB中学にしなかったことにも、合理性が認められる。どちらの選択も、選択の基準（「安さ」）からすれば道徳に無関係（unmoral）であり、これ以上の理由づけを必要としていない。

それでは、公立A中学よりも私立B中学のほうを「進学実績」のゆえに選んだ場合はどうであろうか。この選択は「安さ」の基準からすれば合理的とは言えない。しかし「進学実績」という選択者の基準からすれば、この場合の選択も合理的な選択である。つまり、目的意識にたいして合理的な選択である。ただ、この場合の選択は前述の公立A中学の選択の場合と違って、道徳に無関係というわけにはいかない。もちろん、それは選択の基準（「進学実績」）自体が不道徳（immoral）で、非難されるべきだからではなく、問題となるのは、私立B中学への進学がすべての者に開かれているわけではなく、個人的に有利な地位にいる者だけに開かれていることである。選択を可能にする条件が天然自然のもの、例えば女子校が女子にのみ開かれているといった類のものとは違うのである。

何よりも道徳的に問題となるのは、私立B中学を選べない者がいるということである。（選べるのに選ばない者もいるはずだが、これは選好の問題であり、道徳的に問題となることとは区別する必要がある。）選べない理由は様々だが、そのなかでも選択者の責任に帰せられない理由、特に経済面での理由や能力面での理由により選べなかったというのは、社会的公正性の観点からして道徳的に問題となり得る。選択の許容ないし促進が選択者自身の次世代にさらなる選択の可能性を拡大再生産していくならば、いっそう大きな道徳的問題となっていくであろう。

とはいえ、高額の授業料や入学前の進学準備教育費の負担に耐えられないなどの経済的理由は、当人の個人的な努力の不足（その結果一定以上の収入が得られる職に就けなかった）などの原因に遡及することができる。同様に、学力が合格水準に達していないことも、当人の個人的な努力の不足（その結果一定以上の学力が身に付かなかった）などの原因に遡及することができる。その限りでは、どちらの理由も道徳的な問題とはならなくなる可能性がある。原因への遡及がどこまでも進められていき、極端な場合、例えば障害児が産まれる原因が医学的に解明されていけば、選択者の責任に帰される領域はかなり限られたものになっていくかもしれない。

要するに、選択が道徳的に問題となるかどうかは、ひとえに選択の原因がどこまで当人の責任となる事象に遡及できるかどうかに懸かっている。トマス・スキャンロンが論文「選択の意義」（“Significance of Choice”）で主題としたのも、この選択の因果説（Causal Thesis）であった。スキャンロンは選択の因果説を、選択の決定論、つまり当該の選択は先行する諸条件によって決定されてなされるものであるとする考えから、明確に区別している［Scanlon 1995：45］。先行する原因に制約されながらも、自身の意思によってなされるからこそ「選択」と呼べるのである。

(2)『死霊』と自由意思

「学校の自由選択制」といわれるが、親による学校選択は、個人的にも、社会的にもさまざまな制約を受けていて、自由意思による選択とはほど遠い。それは、自由意思ということを少しシアリアスリーに考えてみれば、判ることである。埴谷雄高の政治小説『死霊』を例にして、考えてみよう［埴谷 1975］。

『死霊』のなかに、主人公の三輪与志にたいして病床の兄、高志が次のように訊く場面がある。「ところで、生まれついてこの方絶えず外部からつき動かされている俺達が自らだけから発する意志、正真正銘の自由意志でおこなえることが人生には二つあるが、お前はそれがなんだと思うかね」と。

その一つは「自殺です」と与志は答えることができる。しかし、もう一つは思い浮かばない。兄の高志は、その答えをこう明かす。「まだお前は若過ぎて解らぬのだが、敢えていってしまえば、それは子供をつくらぬことなのだ……。」

その理由は、高志によるとこうである。子どもは「目的なき目的――いわば生そのもののごときものとして生みだされ」る。一方、「子供が未来のどこへ赴きゆくか知らない」親たちは、「せめて大地や堅固な建物をあとにのこ」していくが、「おお、果たされざれし自分の緻密なヴィジョンを子供に賢明に手渡そうとするほど滑稽なことはな」く、「子供が生まれれば生まれるほどそれだけ窮極の楽園のヴィジョンから遠ざかってゆく」ほかないのである。

ここで高志が「窮極の楽園のヴィジョン」と言っているのは、自由意思によって描かれる世界像を指している。しかし、いったん子どもを自分の外に生み出してしまうと、人はその「外部」の存在への世話や配慮につき動かされ、もはや自由意思のままで世界像を描くことができなくなる。だから、自分自身の意思で世界と関わりつづけていこうとする者、とりわけ「革命家」をこころざす者は、自分の子どもをもってはならない。むしろ、「子供をつくらぬ」という自由意思を貫くべきなのである。

兄、高志の表白が、この後、「自らになれといえども／自らにだけはならざりき」という《自同律の不快》に及んでいくのはよく知られていよう。つまり、自分は何事によってもつき動かされない存在で、いわば「わたし」は「わたし」にほかならないとしても、このトートロジーには、何とも言われぬ《不快》感が孕まれている。この《自同律の不快》を、社会変革、つまり「革命」の原動力に換えていくにはどうすればよいのか。それが『死霊』の著者、埴谷の終生の主題でもあった。

ところで、社会学者の大澤真幸は、「子供をつくらぬ」という高志のいう自由意思が、神の意思にも通じる単独者のそれであることを指摘している［大澤 2003］。神ならぬ人間の場合、「わたし」は「わたし」だというときの「わたし」は、自分ひとりで再帰的に自己完結できる存在ではない。外部と関わりながら、同一性を保っていく存在である。そうであれば、むしろ、子どもという外部的存在と関わりつづけながら、それでも、それが自由意思の否定にならないような道をこそ、探し求めなければなるまい。つまり、「子供をつくらぬ」ことによってではなく、子どもを生み育て、子どもと関わりながら、しかも自由意思の主体であることを放棄しないような道が、探り出されなければならない。その道は、子どもが長じて、親の意思を超え、自らの生を受動的に負っている産出者に能動的に、いや反抗的にさえふるまうようになっていくとしても、そうした子どもを、余裕をもって「他者」とみなしていくときに、拓けてくると大澤は言う。逆説のようだが、自分の子どもの他者性を受け入れることによって、親は自分自身の自由意思を実現していくことができる、と言うのである。「他者性」は、人間の自由意思の阻害要因ではない。むしろそれは、人間の自由意思になくてはならない本質的契機である。そのことを痛いほど感じさせてくれるのが、ほかならぬ子どもとの関わりである。

大澤は、子どもという外部的存在を、単に今生きている子どもについてだけに限らない。まだこの世に存在していない「未来の他者」についても、それを認めようとしている。そして、「未来の他者」からのメッセージに耳を傾けることに、現在に生を享けた者の責務を感じ取っている。それはちょうど、二代も、三代も後の世代のために、空気と水を汚さずに遺しておこうとする態度にも似ている。こうしたエコロジカルな考え方から浮かび上がってくる他者を、「通時的な他者」と呼ぶとすれば、赤の他人の子ども、つまり、いわば他者の他者は「共時的な他者」と呼ぶことができよう。他者としての子どもの範疇は、時間を超えた通時的な方向にも、空間を超えた共時的な方向にも、どちらの方面にも延ばしていくことができる。神ならぬ人間の自由意思が、キルケゴールが唱える屹立した「単独者」の意思としてではなく、生身の人間の意思として真に成就されるのは、こうした広がりをもった他者との関わりのなかでしかない。それはわが子への情理といった親密圏を超えている。

人間の場合、子どもこそがもっとも身近な他者である。しかもその子どもは、今目の前にいるわが子だけとは限らない。これから生まれてくる子どもも、赤の他人の子どもも、同じように他者としての子どもである。

さて、親の学校選択であるが、それが子どものため（in behalf of）になされるものである限り、これまで述べてきた意味では自由意思でなされるものではない。親の選択が、子どもの利益と、それを保障してくれそうな学校情報に突き動かされてなされたものであるならば、もはや「自由である」とは言えない。そして、自由意思でなされたものでない以上、その結果について責任を問うこともできない。親はただ、子どものためを思い、周囲の動きに突き動かされて、選択させられたのであり、やむを得ない選択をしたまでである。このように受け取れば、「学校の自由選択制」と言われながらも、そこでなされる親の選択は、半ば強制された選択であり、自由意思による選択ではないことになる。選択の結果について、誰にも責任が問われないことになる。選択の結果は、台風の結果がそうであるように、自然の成り行きに過ぎなくなる。

ただ、選択の結果は自然の成り行きでも、選択の効果は選択される側、つまり学校の側にはっきりと表われる。選択されることを目指してなされる、学校の自己改善への努力がそれである。それは学校と学校が生き残りをかけた戦いともなっている。実は、学校の自由選択制の政策的な狙いもそこにあるのかもしれない。

だとすれば、いわれるところの「自由選択」は、少なくともカント的意味での「自由」とはかけ離れたものである。イマヌエル・カントが、自由意思の主体である人間を、つねに目的として扱えといったのは有名な話である。しかるに、親に委ねられる自由意思は、それ自体に価値があるから認められるのではなく、ただ、学校をよくするための手段として、利用されているだけである。こうした自由の手段視を「隷従への道」と呼んだのは、たしかフリードリッヒ・ハイエクではなかったか。自由の手段視は、手段が奉仕する目的を、つぎつぎに手段の連鎖のなかに投げ入れていく。そして結局、何のために改革に励まなければならないのかを分からなくしてしまう。

人の自由意思を、何かのために用立てていこうとすると、そうした罠にはまってしまう。自由意思は、やはりシアリアスリーに考えられていく必要がある。

註

（1）第三章「平等理論と多様な能力」で再論する。
（2）第五章「権原理論と自然的資産としての能力」で再論する。

補論一　選択による教育財の分配、その問題性

教育の分配は、長い間、供給者である国家に委ねられてきた。そうしたサプライ・サイド方式に代わって、需要者の選択に従って分配されるディマンド・サイド方式が、「親には子どもの教育を選択する権利がある」という主張とともに、広がっている。「学校選択制の導入」と言われる動きがそうであるが、これは、財の分配を市場の動きに委ねる市場経済主義の教育ヴァージョンと言うことができる。

市場経済主義は、「社会的に正当化できないものを正当化する」と言われるほど、それぞれの財の固有の領分を超えて、メタ次元の正当化効果を発揮している［ブルデュー 2000：4f］。市場による分配は、手続きさえ正当であれば、どのような結果をもたらそうと、売り手／買い手の立場を超えて正当化を与えていく。それだけに、拒むことの難しい強力な浸透力と侵食力をもっており、警戒心をもって迎えられることが多い。

その反面、学校を選ばれる側に置く学校選択制に、学校改善のインセンティヴが期待されている。現状ではこの期待感の方が先行している。そのため、学校改善の実があがれば、選択制の導入自体が正当化されることになる。つまり、市場原理には自己正当化のメカニズムが内在しているのである。ここにも、学校選択制の導入が拒

みがたい理由がある。

しかし、選択による教育財の分配には、見落とすことができない問題性もある。それらをいくつか、以下では取り上げていこう。

1　「選択のコンテクスト」から逃れられるか

公立小学校、中学校への自由選択制の導入は、学校間の差異をいかにつくりだすかに成否がかかっている。しかし、その差異化は、公立学校としての制約から、中身の上では微細なものに止まらざるを得ない。微細な差異の間で選択を迫るということは、選択をする側にも、選択肢を用意する側にも、強いストレスを生むことになる。どのようにしていけば、そうした「選択のコンテクスト」から逃れることができるのであろうか。

(1)　パブロフの識別実験

パブロフといえば、イヌをつかった条件反射の実験で有名だが、同じようにイヌをつかった実験で、二つの個物の間で差異を識別させた実験でも知られている。それは、大きさの異なる二枚の円盤を用意して、大きい方の円盤をくわえてこさせる実験である。この実験で、イヌは何回かのトライアルの後、しだいに差異の識別ができるようになっていく。やがて、大小さまざまな組み合わせのなかから、大きい方の円盤をすばやく識別できるようにもなっていく。

さらにパブロフは、二枚の円盤の大きさを徐々にそろえていきながら、実験をつづけていった。つまり識別をむずかしくしていったのである。それでもイヌは、大きい方の円盤をなんとか見分けてくわえてきた。そこでパブロフは、見た目で大小の識別がつかないような組み合わせや、まったく同じ大きさの二枚の円盤を示したりして、イヌに識別を迫っていった。そうしたとき、イヌはどちらの円盤も選択できずに、円盤の間をせわしく動きまわり、果てはパブロフに噛みつかんばかりであったという。

これはイヌだけにみられる特異な現象ではないであろう。わたしたちヒトについても、差異の識別は一定の閾値（感覚生理学では「識別閾」と言う）を越えると、能力的にはたらかなくなることが知られている。そればかりでなく、微細な差異の間では、敢えて識別していくことの実際的な意義も薄くなっていく。このように、能力的にも限界に近く、実際的にも意義がなくなっていく識別のケースでも、「これはどちらかを選択していかなければならない実験なのだ」という逃れられない枠がはめられると、どのように反応していけばよいか迷うであろう。イヌならずとも、強いストレスを感じて、心身に異常をきたすこともあるかもしれない。事実、実験の後パブロフのイヌは、胃に神経症による潰瘍が認められたという。

(2) 選択とコモン・スクール

ここでパブロフの識別実験を引き合いにだしたのはほかでもない。アメリカ、イギリスでの学校選択を調べてきて、眼を日本の学校選択に転じてみると、限りなくそれがパブロフの実験に近いように思われるからである。つまり、それほど有意な差異があるとは思えない選択肢が与えられて、それでも「どれかを選択せよ」と迫られる。これはパブロフがイヌに設定したコンテクストそのものではないのか。

そういう「選択のコンテクスト」にはめこまれているのは、選択をしていかなければならないヒト、つまり親の側だけではない。選択肢を用意しなければならない学校の側にも、同じように差異の識別が求められている。そういう差異化への努力が、「特色ある学校づくり」の名のもとで勧められているのは、周知の通りである。しかもそれは、同じ地教委の教育方針に従う、同じ指導要領に則る、同じ居住地区の住民を対象にしている学校と学校の間の、いわば横並びの差異化である。そうであるから、学級規模の大小や、有名上級学校への進学者の数、所在地や学校建築の特殊性を活かした運営方式、特活や裁量時間の活用法など、いずれにしろ似たり寄ったりの条件下での微細な差異化に止まらざるを得ない。

それにたいして、アメリカやイギリスでは、宗教の違いや、人種の違い、階層間の対立など、広くいって人びとの生き方や価値観の違いが学校選択を避けられないものにしてきた。それは程度の違いというより、妥協を許さない絶対的な違いに近い。この意味で学校選択は、社会の多元化への対応という現実的な側面をもっている。そうしたなかでも、社会集団の間の対立や矛盾を乗り越えて、なんとか共通学校、つまりコモン・スクール（アメリカ）、ステイト・スクール（イギリス）を維持していくことができないものか。そういう焦眉の論点をめぐって、議論をえんえんと繰り広げてきた経緯がアメリカやイギリスにはある。

要するに、アメリカやイギリスでは、学校選択制は誰の目にも見える差異に立ち返って提案されている。それだけに、多くの人を納得させてしまう力もある。選択制導入の是非について、積極論の方よりも、むしろ消極論、つまりコモン・スクールないしステイト・スクールの擁護派の方に「なぜ？」と説明が求められることが多いのも、そのためである。いずれにしろ、差異のはっきりした学校をつくって選択させていくのがよいか、それとも、差異をつつみ込んだ学校にどの子どもも一緒に通わせるのがよいかが、論議の焦点になっている。

(3)　学校選択と社会選択

日本の場合、社会を構成する集団や階層の間には、アメリカやイギリスのように深刻な対立や矛盾はそれほどみられない。仮に対立や矛盾が生じたとしても、それを学校は内部の努力で極力解消しようとしてきた。そのため、社会的な対立や矛盾が、学校間の差異化の要求をストレートに生み出してしまうようなことは、回避されてきた。

日本の学校間に目立った差異があるとすれば、それは私立学校の間でのことであろう。例えば、仏教系の学校とミッション系の学校との間の差異などがそれである。こうした差異は、生徒指導などの校風の違いとなって現れ、親の学校選択の判断材料にもなっている。しかし、それが社会のあり方や、人間の生き方に深く関わる差異として受け止められることはあまりない。親が仏教のどこかの宗門の檀家であるにもかかわらず、子どもをミッション系の学校に入れるというようなケース（欧米諸国や、ましてやイスラム圏ではまず考えられない）もめずらしくはない。少なくとも、どちらの学校の方が社会的、道徳的に有用なのかや、どちらの学校が財政的に優遇されるべきかを、社会全体の立場から決めていかなければならないような場面は、日本の社会では想定しづらい。

しかしイギリスでは、こうした宗教間の優先順位の問題（イギリス国教会の学校とイスラム教の学校を、どちらも公費助成において同列に扱うべきかどうか、など）が、学校の公共性との関係で真剣に議論されてきた。それが選択制の議論にも反映している。こうした問題に決着をつけていこうとすれば、これからの社会がどういう社会になるのが望ましいかを、まず見極めていかなければならない。つまり、このままそれぞれの人種や宗教の自律性と独立性を認めて、社会が細かく多元化していくことが望ましいのか、あるいは、国民としての共通のアイデンティティを、統合された教育と学習の場できっちり植え付けていくようにしなければならないのか、といった判断にまで立ち入ることが避けられない。

このように、イギリスでは学校選択の問題は将来の社会の選択と密接に結び付いている。そうであるから、学校選択制の導入は、子どもをもつ親だけの問題ではないのである。日本の私立学校の間に見られる差異が、そうした社会選択の観点から論議の対象になることは稀である。学校選択は、社会選択とは無関係に、いわば社会問題から浮き上がった私的な問題として取りざたされている。つまり、親の、いや子をもつ保護者だけの問題とされている。学校選択制のこうした問題のされ方は、広い視野のもとで、考え直されていく必要があるであろう。

⑷　公立学校と選択

また日本の場合、私立学校どうしの間だけではなく、公立学校と私立学校との間にも少なからず差異がみられる。しかし、それも選択制導入の主たる論点にはなってはいない。義務教育段階については、私立学校はまだ「行きたい人が自費負担で行けばよいところ」に止まっている。私立学校をも選択肢にふくめていくような選択制、つまり、私立学校を選択した親にも、授業料の無償化に見合う手立てを公的に措置するようなことには、まだいたっていない。

それでは、日本において、学校選択制導入の是非がもっとも熱く議論されているのはどこかといえば、都市部を中心にすでに先例が多くみられるが、同じ居住地区内に隣接して存在する公立学校どうしの間である。これまで、学校教育法施行令（第五条）が規定する通学校指定制によって、それぞれの学校には、住民基本台帳にもとづき教育対象となる住民が割り当てられてきた。そのため、差異化への努力が標準化への努力を上回ることもなかった。一九八〇年代の臨教審の答申をうけて、九〇年代中ごろから本格化する通学区域制の緩和と学校選択制の導入は、そうした護送船団方式に代えて、教育対象の確保を学校の努力目標としてきた。それは、「教育の自由化」の名のもとでの規制緩和（ディレギュレイション）の一環である。そのため、それぞれの学校はいっせいに差異化に向かって走り出さなければならなくなったのである。

しかし前述のように、日本の公立学校、とりわけ同一地区内の公立小学校、中学校の間では、差異化は社会的に必然的なものというより、人為的につくりだされた微細なものに止まらざるを得ない。それでも、選択肢を用意する学校の側は、微細な差異に意味づけをして、独自色を出していかなければならない。それらの選択肢のなかから、差異を識別しなければならない親もまた、ストレスを感じながら、わが子のために少しでも意味のある選択をしていかなければならない。どちらの側も、識別がむずかしい選択肢の前に立たされ、しかも逃れられない「選択のコンテクスト」のなかに置かれている。これは、パブロフのイヌに神経症を起こしてしまった過酷な状況と、どこか似かよっていないか。

(5)　選択のコンテクストを超えて

できれば選択を避けたい場面も少なくないであろう。「選択できない！」と言い切ることが正答であることもあるであろう。同じ大きさの円盤を示されたときのイヌの場合が、そうであった。それでも、「これは選択しなければならない実験なのだ」というコンテクストによって枠がはめられている。そういうとき、いったいどういうことをすればよいであろうか。

パブロフのイヌの場合、ジレンマから逃れるために、実験者に噛みつくという挙に出るほかなかった。それは、選択のコンテクストが刷り込まれているイヌからすれば、最大限の抵抗であったに違いない。もちろん、同じようなコンテクストにヒトが置かれたとすれば、それとは違った、もっと〝理性的〟な反応を想い着くであろう。それはいったいどういった反応であるかと言えば、与えられた選択肢のなかから選ぶということ自体を、一つの選択肢にしてしまうということである。選択のコンテクストを、もう一回り大きなコンテクストのなかで括ってしまうことである。言い換えれば、選択制の導入というやり方以外の選択肢についても、可能性を考えていくということである。

都市部に限らず、どこでも学校が選択されていく時代が近づいている。そうした予感は、長い間子どものしあわせを願って、最善の努力をかたむけてきた教師たちにも迫っているはずである。それでも、自分が選ばれる側に置かれることに、釈然としない気持ちも残っているに違いない。それは当然のことである。なぜ、選択制でなければならないのか。それ以外に、学校がよくなる道筋はないものか。日本の学校、特に日本の公立学校の状況に即した選択論議は、まだ始まったばかりである。当面は、はじめから可能性を狭めずに、さまざまな選択肢を広く視野に収めて、議論を進めていくべきときである。

2 親に教育を選ぶ権利があるか

世界人権宣言は、一人ひとりの親に教育を選ぶ権利を認めている。それを「人権」として認めているのは、親の教育方針には、それぞれの文化的バックグラウンドがあるからである。それを一律に定めてしまえば、人権の侵害になるからである。しかし、日本での学校選択の自由化は、かならずしも、親の文化的バックグラウンドの多様性への配慮からなされたものではない。親はいったい、何を拠りどころに学校を選べばよいのであろうか。

(1) 教育を選ぶ権利

子どもの就学先についての親の選択（ペアレンタル・チョイス）は、どのような理由により正当なもの、つまり権利とされるのであろうか。

前述の国際連合の世界人権宣言は、その第二六条三項で、「親には、自分の子どもに与える教育の種類を選ぶ優先的な権利がある」と定めている。宣言が採択されたのは、今からおよそ六〇年前の一九四八年のことである。教育を選ぶ親の権利は、欧米諸国や日本だけではなく、すでに国際的に認められている。それは、国内事情を超えて成り立つユニバーサルな権利である。

子どもが受けることになる教育の種類の決定は、親の権利に属している。それは、子どものことをもっともよく知っているのは、親を措いてほかにはいないとみなされるからである。子どもを生み、育ててきた親は、自分の子どものことを長く継続的に観察をし、豊富な知識を蓄えてきている。その知識は、専門家の一般的・標準的な知識に決してひけをとらない。それだからこそ、親は子どもにとって最善の決定をしていける立場にある。それが、親に教育の種類の選択を委ねる根拠である。この限りでは、子どもの就学先に関して係争が生じたならば、親こそがファイナル・ジャッジである。

こうした解釈は、健常児との共育をのぞむ障害児の親が、校区の普通学校への入学を求めて教委と交渉していくとき、しばしば根拠として引き合いに出される。その一方、健常児の親の方からは、人権宣言をたてにして、学校選択は親の権利である、といった類の主張がなされることは、これまであまり例をみない。

たしかに、親の学校選択権は、実効性のある請求権の一つとして、一般には行使されることがあまりない。しかし、表面には出てこないが、親の側の潜在的な権利として、目に見えないところで重要な役目を果たしてきている。これもまた見逃すことができない。

(2)　親を選ぶ権利

同じように、表面には出てこない潜在的な権利を挙げるとすれば、かつてスウェーデンの女性解放論者のエレン・ケイが、「子どもには親を選ぶ権利がある」と宣言したときの権利が想い起こされる。それは、今からおよそ一〇〇年前、世紀の変わり目に書かれた『子どもの世紀』（1900）のなかに出てくる。

もとより、子どもに生みの親を選ぶ請求権などあるはずもない。しかし、親となるべき人からすれば、「子どもから選ばれている」という予想のもとで、結婚相手を決めていくべきである。そういう意識がともなわなければ、子どもにたいする権利の侵害にもあたる。要するに、優れた素質を受け継ぐ子孫を産み育てていく責任が、親にはあるというのである。エレン・ケイが言いたかったのは、このような意味で、親の側に遡及的な義務を負わせる子どもの潜在的な権利であった。

これと同様に、親の学校選択権も、学校の側に義務を負わせる潜在的な権利である。それは、せわしい学校のルーティーン・ワークにまみれて、ときとして埋もれがちであるが、学校経営の礎石として、しっかり据えられている。学校が、人さまの子どもを預かって、まいにち教育活動をしていけるのも、親によって選ばれ、付託を受けているからである。親の学校選択権は、いったん子どもの入学先が決まってしまえば、もはや意味がなくなってしまうわけではない。つまり、その場限りのアド・ホックな権利ではない。それは、親にとって、子どもを学校に預けている限り、学校の側に義務を負わせつづけていく権利なのである。

(3)　学校選択権の潜在性と実効性

とはいえ、エレン・ケイが唱える「(子どもの)親を選ぶ権利」と、世界人権宣言が定める「(親の)学校を選ぶ権利」とを、同列に扱うわけにはいかない。というのは、同じように潜在的な権利であっても、実効性の点で、性格がだいぶ違うからである。「親を選ぶ権利」が、実効性をともなって主張されるというようなことは、レトリックとしてはともかく、現実的には考えにくい。それにたいして、親の「学校を選ぶ権利」には、実効性のともなう請求権となる可能性が、充分にふくまれている。親の付託に応えるような成果を、学校が挙げていない(つまり、アカウンタビリティを果たしていない)と判断されれば、親には、潜在的な権利を行使する用意が留保されている。

現に、義務教育段階から、子どもを私立学校に入れる選択肢が親には残されている。私学にたいする公費による助成も、親の「学校を選ぶ権利」を実質化していくものとして、認められてきている。

それにもかかわらず、親の「学校を選ぶ権利」は、請求権の一種として、これまであまり表立って主張されてこなかった。その理由は、単に私立学校を選んだ場合の自費負担が重過ぎたり、希望する私立学校が近隣にみつけられなかったりしたためだけではない。そうしたネガティヴな理由よりも、いっそうポジティヴな理由があるからである。それは、「少なくとも義務教育段階までは、子どもは同じ地域で、一緒に育てられる方がよい」という通念が、長く支持されてきたからである。地域の共同体意識も、この「自分たちの学校、自分たちの校区」という地元意識によって、世代を超えて受け継がれてきている。

それともう一つの理由は、公立の小学校と中学校は、どこでも、ある程度レヴェルのそろった教育を授けてくれる、という信頼があることである。つまり、標準的な基礎学力の保障である。そうした、学校と教師への信頼があるからこそ、子どもをすすんで校区の学校に入れていくことができた。その限りでは、親たちは校区の学校を良くしていこうとして、学校選択権を潜在的な権利のままに留めてきたのである。

(4)　学校選択制と子どもの意思

ところが、規制緩和の一環として、校区を越えて、指定校以外の公立学校を自由に選べるようにする地区が増えてきている。それにともない、学校の選択は、親の権利、しかも実効性のともなう請求権として見直されるようになってきた。そうした、学校の自由選択制を採り入れる地区は、しだいに広がりをみせてきている。そのため、これまで親が学校を自由に選べなかったことの方が、むしろおかしかったのではないかと疑われるようになってきている。これまでは潜在的なものであった親の権利意識に、火が付けられたのである。

しかしながら、親の学校選択権は、たとえ人権宣言に盛られたユニバーサルな権利であるとしても、その請求のすべてが、認められるわけではない。というよりも、すべての親に選択の機会が開かれる「選択の時代」を迎えようとしている今、こうしたユニバーサルな権利に訴えることの有効性が、改めて検討されるべき課題となってきている。はやい話が、すべての親が、同じ学校を集中的に選択したというような事態を、想定してみればよい。そういうときには、もはや「親は学校選択に関してファイナル・ジャッジである」などとは言っていられない。親の学校選択権に、制約を加えていく要因の側から、学校選択権を見直していくことが必要になってくるのである。

親の学校選択権に、制約を加えていく要因として、まず考えていかなければならないのは、子ども本人の意思であろう。親は、本来子どもの意思を代弁していく存在である。しかし、学校選択の対象が、公立の小学校ばかりでなく、公立の中学校にたいしても広げられていくようになれば、子どもの意思自体を、独立したものとみていく必要も出てくる。

そうなると、入学することになる本人である子どもの希望を聞かずに、親だけのジャッジで決めるわけにもいかなくなる。そういうことは、子どもを私立中学に入学させてきた親たちが、すでに体験ずみのことであろう。国際連合の子どもの権利条約（日本は一九九四年に批准）以来、親の意思では代弁できない、子どもに固有な権利が取り上げられるようになってきた。なかでも、子どもの自己決定権や意見表明権は、親の学校選択権にたいする制約要因として、改めて見直されてよいであろう。

(5) 選択の時代のペアレンタル・チョイス

親は、自分の意思だけで子どもの入学先を決めるわけにはいかず、子どもの希望を聞いて決めていくことが避けられない。このように、子どもの意思が尊重されるようになってきたのは、単に子どもの権利にたいする人権意識が、根付いてきたからではかならずしもない。そうではなく、子どもに受け継がせるべき生き方や価値観、知識や技術、さらに言えば信念や信仰に、親の方が確信をもてなくなっているからでもある。

そうした文化的バックグラウンドをしっかりもっている親ならば、迷うことなく、自分の意思で、子どもに受けさせる教育の種類を選択していくことができる。例えばイスラム圏の国々の親たちが、そうである。また、欧米の国々のように、文化が多元的に存在している社会では、それぞれの親の文化的バックグラウンドの違いが配慮されなければならず、それだからこそ、ペアレンタル・チョイスは「人権」の一部なのである。文化的バックグラウンドを抜きにして、よい・わるいを一律に決めていけば、それこそ人権の侵害になってしまう。

日本の親たちは、何らかの文化的バックグラウンドの上で、子どもに受けさせる教育の種類を選択していくことができなくなっている。子どもの意思を尊重するというスタンスは、文化から切り離されたところでなされるペアレンタル・チョイスの、危うさの表われとみるべきである。

公立小学校の選択制をさきがけて導入した東京都品川区の場合、初年度の二〇〇〇年度につづき、翌二〇〇一年度も、指定校以外の学校を選択した親は意外と少なく、全体で一五・一パーセントに止まり、あとの親は従来通り地元の学校にそのまま子どもを入学させたという。制度の導入前の新聞社の全国調査（一九九八年実施）によると、学校選択制の導入に積極的に賛成する意見（三一パーセント）と、消極的ながら賛成する意見（一九パーセント）とを合わせて、世論の半数が賛成にかたむいている。それにもかかわらず、実際に選択のチャンスが与えられた親は、このチャンスを活かすのに躊躇している。

この結果を、多くの親が地元の学校を「選択した」ためと読むこともできないわけではない。しかし、品川区で二〇〇一年度から導入された中学校の選択制の場合、希望者が受け入れ定員枠をオーバーして、抽選を実施した中学校もある。そのことを考え合わせると、親による選択よりも、子どもの意思に従わざるを得なくなった親の戸惑いが、透けてみえてこよう。

教育の選択がユニバーサルな権利と認められているのは、親の選択が、それぞれの文化的バックグラウンドから切り離されて、誰もが同じ地平に立つようになるからではない。そうではなく、文化の違いを認め合った上で、はじめてユニバーサルな権利となるのである。ペアレンタル・チョイスが、「人権」としての内実をそなえるようになるのも、そのときである。

3　公立学校からの脱出口はふさげるか

公立学校への選択制の導入には、私立学校への脱出を阻む狙いがある。しかしそれは、公立学校どうしの間での脱出に道を開いた。「よりましな学校」への脱出は、学校そのものの改善に結び付くであろうか。

(1)　脱出口（エグジット）を開く前に

子どもを学校に通わせる親の多くは、様々な満たされない思いを抱きながら、子どもを送り出している。それらの思いのなかには、あまりにも個別の要求であるため、公立学校の枠のなかで受け止めるには限界があるものもある。

親の側からすれば、公立学校に満足できなければ、脱出口を私立学校に求めていくことができる。しかし、そういうことができるのは、経済的にも、地理的にも、恵まれた位置にいる親に限られている。そこで、いきなり私立学校に脱出口を開いていくのではなく、公立学校どうしの間で選択ができるようにしていく。そうすることで、それぞれの要求に合った学校を、親自身に探してもらうのである。これならば、すべての親に等しくチャンスを与えていくことができる。しかし、これで親の側の多様な願いを受け止めていくことができるであろうか。それは疑問である。

公立の小学校、中学校に選択制を導入することで満たされるものがあるとすれば、それは、「よりましな学校に子どもを入れたい」という、いわば比較級で表わされる願望でしかない。しかも、よりましな学校への脱出は、脱出者を出してしまった学校にも、脱出者を受け入れた学校にも、学校改善へのインセンティヴをもたらしてくれるかどうか不確かである。結果が不確かで、リスクが大きい改革は、最後の切り札としてとっておく方がよい。今やるべきことは、脱出口（エグジット）を開いていくことよりも、親の信頼（クレジット）を取り戻すため、公立学校の枠内で、親の願いをどこまで満たしていくことができるかを考えることである。

(2)　多様な親の願い

親の多様な願いが公立学校でどこまで受け入れられるかを、アメリカで争われた二つの裁判事例を通してみていくことにしよう。一つは親の側が勝訴し、もう一つは敗訴におわったケースである。

最初のケースは、ウィスコンシン州に移住してきたアーミッシュ宗派の親たちをめぐって、一九七二年に決着した裁判である。アーミッシュ宗派の親のなかには、子どもを学校に通わせていない親もいる。そういう親を、州の当局が投獄するという事件があいつぎ、そのうちの何人かを、州教育局は就学義務違反で告訴した。裁判は、結局アメリカ連邦最高裁判所にまで持ち込まれた。

そのとき連邦最高裁は、プロテスタント系のキリスト教徒のなかで、厳格な教義と、自給自足の特異な共同生活をし、しかも、自動車や電話を所有しない質素な生活をしていることで知られるアーミッシュ宗派の人びとの主張を支持して、八学年以降（日本の学制に当てはめれば中学三年）の子どもの就学を免除し、その学年の教育は、居住地での作業と結び付いた補習教育で代替させた。それは画期的な判決であった（*Wisconsin v. Yoder*, 406 U.S. 205 (1972)）。

反対意見として、アーミッシュの子どもであっても、アメリカ合衆国の市民であるから、社会的に自立し、政治的に参加していく機会をふさがれてはならず、将来の社会的自立と参加に必要な共通の知識、態度、技能を身に付けさせるため、公立学校での教育を継続すべきである、とする少数意見も出された。しかし、多数意見は、自分たちの隔絶した信仰生活を守り、居住地を維持していく自覚を、子どものうちから育てていきたい、とする親の側の主張を支持したのである。公立学校からの脱出が認められたのである。

もう一つのケースは、リーディングの教科書に、自分たちの信仰の確信を脅かすような〝有害〟な部分がふくまれているとして、その部分を教える授業に、子どもを出席させないことを認めさせようとして、親たちが起こした裁判（モザート裁判）である。その内容とは、父親が料理をし、母親が外ではたらいていることを記述したもので、男性と女性の役割を取り違えている〝反聖書的〟な内容である。このケースでは、連邦裁は、親の側の請求を退けている。たとえ親たちの生き方と異なる生き方であっても、子どもにそれを触れさせることは、親の宗教的信念に脅威とはならない、として、授業からの脱出を認めなかったのである（*Mozert v. Hawkins County Board of Education*, 827 F.2d 1058 (6th Cir. 1987)）。

(3)　多元主義と多文化主義

これら二つの判例のうち、一方は、多様性を価値として積極的に認めて、マイナーな宗教集団の自律性と独立性を尊重した。人がそれぞれ拠りどころとする価値観は、その人にとってかけがえのないものである。多数派に属する人びとが、少数派の人びとを、自分たちの価値観に合わせさせるように強制していくことはできない、という考え方である。この立場からは、寛容の態度が重要視されることになる。

それにたいして、もう一方は、現代が文化的に多様な社会であることを踏まえながらも、だからこそ、自分たちの文化だけではなく、異なる文化にたいしても理解が必要である、としている。すべての人に、市民として必要な共通理解を育てていくべきである、という立場である。ここからは、異文化間の相互理解が重要視されることになる。

二つの判例の立場は、社会の現状の認識において、共通している面もある。しかし、強調される点は微妙にずれている。一方は、それぞれの価値観の固有性、言い換えれば、分数のように共通分母で括ることができない独自性を尊重し、その上で異質性との共生を求めていく。これが多元主義（プルーラリズム）の立場である。もう一方は、おたがいに相手の考え方を理解していくことの必要性を強調している。これが多文化主義（マルチカルチュラリズム）である。

二つのケースでは、どちらも、一部の親たちが、自分たちの生き方と文化を、学校教育のなかに取り入れさせようとしているわけではない。自分たちの教育要求に、公的支援を求めているわけでもない。この意味では、どちらも、いわゆる〝への自由〟の請求に関わる裁判ではなく、ただ〝からの自由〟を認めさせるための裁判であった。要するに、「自分たちのことは、自分たちのやり方でやらせてもらいたい」という要求である。脱出口を開いていくための要求である。

〝からの自由〟と言えば、リベラリズムを基調とする近代社会の中心的な原理である。人びとは、他人の自由を侵さない限り、自由に行動することが許される。それがリベラリズムの古典的な原理であった。しかし、同じリベラリズムの原理に拠りどころを求める訴えであっても、一方の請求は支持され、もう一方の請求は退けられている。そのことにも表われているように、様々な価値観や文化が並存している現代の社会では、リベラリズムの原理がいつでも効力を発揮するというわけではない。現に、「わたしの子どもには、反聖書的な内容を教える授業からの脱出を認めてもらいたい」という請求は、退けられた。

その一方、アーミッシュの人びとの要求、つまり、公立学校から脱出して居住地で教育を受けさせたいという要求が受け入れられたのはなぜであろうか。それは、かれらの要求には、アーミッシュ宗派の歴史に根ざした深い文化的背景があるからである。〝からの自由〟言い換えれば脱出口を開くことが認められるかどうかは、一律に決められることではないのである。

(4) アーミッシュ裁判

そこで、アーミッシュの親の主張を、歴史的・文化的背景に遡って、もう少し探ってみることにしよう。アーミッシュ裁判で、アーミッシュの側の主張を認めた理由を、連邦最高裁の判事ウォーレン・E・バーガーは次のように述べている。「アーミッシュ派が八年以上の教育に反対している、と述べることは正しくない。……アーミッシュ派は、公立学校が行っている類の、型にはまった教育に反対しているのである。その理由は、宗教的に子どもたちが成長を遂げるもっとも大切な時期に重なっているからである」と［池田 1995：138］。

伝道活動に熱心ではないアーミッシュの人びとにとって、一七世紀以来、スイス、オランダ、そして新天地のアメリカへと居住地を移しながら受け継いできた信仰は、自分たちの子どもに継承させていくよりほかはない。一般市民の子どもとの接触が避けられない公立学校での教育は、その結果として、子どもたちに居住地からの離脱を促す効果をもつおそれもある。それだけに、公立学校での教育はできるだけ短期間に切り詰めてもらいたい、と親たちは願ってきた。

アーミッシュの人びとにとって、教育はあくまでも自分たちの共同生活を維持していく限りで必要とされるものである。その限度を越えて、個人の能力を個人の成功のために開発していくような教育、とりわけ高等学校や大学での教育は、これまでも一貫して拒否してきた。この方針を、小学校や中学校でも貫かざるを得なくなったのは、一九五〇年代以降、アメリカの学校教育では、「新教育」、「教育の現代化」の名のもとで、一連の学校改革が推進されてきたからである。この時期以降、公立学校に、読み・書き・算などの基礎的技能に関わる教科も、生活訓練、ないしは道徳指導と結び付けて行われるようになり、また数学、理科、体育などのように、個人間の競争を助長するような教科が重視されるようになった。公立学校に、3R'sなどの基礎的技能の教授のみを期待していたアーミッシュの人びとにとって、学校はあまりにも過剰な教育機能をもってしまったのである。

アーミッシュ文化の研究者で、社会学者のドナルド・B・クレイビルは、アーミッシュの親の言葉を次のように紹介している。「私達は教育に反対しているわけではないのです。ただ、私達の能力以上の教育は必要ないと考えているだけなのです。つまり私達が必要としていない教育のことを言っているのです。」［クレイビル 1996：141］

⑸　市場原理と文化

アーミッシュ裁判がわたしたちに教えてくれるものは何であろうか。それは、公立学校からの脱出が認められるには、文化に根ざした、それなりの理由づけがいるということである。そういう文化的理由のともなわない脱出は、「よりましな学校」への願望は満たしてくれても、学校そのものを、より良き学校にしてくれるとは限らない。ましてや、公立学校どうしの間での脱出と受容のくりかえしが、何をもたらすのか。それは不確定である。いわゆる市場原理は、買い手の購買意欲によって、価格を下げ、品質の高まりを期待していく。市場原理を教育に持ち込むには、当然歯止めがいる。過酷な市場原理の独り歩きを食いとめてくれるのは、文化をおいてはない。

コモン・スクール、つまり共通学校は、すべての子どもに共通の文化を伝えていくことを使命としている。この共通の文化よりも、それぞれの個人や家族の利益のほうに優先順位が与えられるようになってきた。それにしたがい、コモン・スクールからの脱出に拍車がかかってきている。公立学校は、共通文化を伝えていくという目的のために、公費で営まれている。そうであるから、たとえ公立学校どうしの間で選択ができるようになっても、公立学校は、全体として、共通文化の担い手としての役割は果たしていかなければならない。共通文化からの脱出は許されるものではないのである。

II部　分配論の諸相と能力開発

――ロールズ・サンデル・ノージック――

第三章　平等理論と多様な能力

1　平等理論と不平等の根源

(1)　「結果の平等」

教育の分野では、「結果の平等」までを求める平等理論（egalitarianism）にたいして、技術的な実効性ばかりでなく道徳的な正当性についても、疑いが出されている。個人の能力や志望の多様性を配慮しないのは、悪平等ではないか。格差を埋めようとするあまり、当人の努力不足に責任をとらせていかなければ、モラル・ハザードを招きはしないか、などという疑いである。それを受けて、平等の価値を自明視してきた側もトーンダウンしており、平等な教育の実現を、「結果の平等」ではなく「機会の平等」の実質化の範囲内に止めるようになってきている。

アメリカのマルクス主義の社会学者ボウルズとギンタスは、『アメリカ資本主義と学校教育』（1976）で、「自由な教育（リベラルな教育）」の名のもとでの教育改革が、その観念性のゆえに実質的な平等の実現に失敗していることを指摘し、まず階級間の経済的な不平等の是正が先だと批判したことで知られている［ボウルズ、ギンタス 1976（1986）］。そのボウルズとギンタスでさえ、その後『平等主義の政治経済学』（1998）では、社会の生産効率性との両立に配慮しながら平等の価値を主張するようになっている(1)［ボウルズ、ギンタス 1998（2002）］。平等理論は、「結果の平等」を優先するラディカルな議論から後退して、実現可能な政策提言へと変質している。

そうしたなかで、ケネス・ハウは『教育の平等と正義』（1997）で教育理論における平等概念の再定置を果敢に試みているが［1997（2004）］、その企図には、現実との妥協を許さない原理主義的な構えさえ感じられる。というのは、ハウによれば、「機会の平等」の実質化を図ろうとすれば、「結果の平等」を実現するほかなく、そうした平等理論の原型は、今なお一九六〇年代のアメリカの教育改革、とりわけ「コールマン報告」とそれにもとづいて実施された人種間不平等撤廃の国家プロジェクトに求められなければならない、とされているからである。このように、ハウによる平等理論の再構築は過去に準拠点を求められているものの、照準点はあくまでも現代に定められている。不平等な階層間格差の根源に手をつけずに、形式的な機会平等論で糊塗する現代の教育改革に、照準が合わされているのである。そのさいハウは、すべての人の社会参加をいかにして実効的に可能にするかという参加論の立場を重視している(2)。

たしかに、「教育の機会平等」をめぐる一九六〇年代の論議は、五〇年代までの「すべての者に中等教育を」といった教育を受ける機会の拡張を求める運動から離陸して、人種の不平等を中心とした階層間不平等の是正を図る差別撤廃政策のなかに着地していっている。この転回の直接のきっかけは、アメリカ合衆国の場合、ケネディ大統領が着手しジョンソン大統領が成立させた「公民権法」（一九六四年）によって与えられた。このときの「公民権法」では、社会生活への参加、特に進学・就職時の公平性の確保のため、人種間での形式的な平等、つまり誰でもエントリーだけはできるといった手続き上の平等だけではなく、実質的な平等の保障にまで踏み込んで規定がなされている。なかでも、一九六三年のケネディ大統領の「公民権法案」と比べて、実際に成立したジョンソン大統領の「公民権法」は、あまりに「結果の平等」を重視し過ぎていて、自由主義の原則を踏み越えているという批判が進歩派のなかからも上がったほど［安藤 2001］、平等主義の主張を徹底していた。この「公民権法」のなかに、不平等の実態調査の実施が規定されていたのである。調査は数理社会学者ジェームス・S・コールマンに主査が委託されて実施され、人種間で教育機会に顕著な不平等があることが明るみに出されている。それを実証する膨大なデータが、精緻な統計学的分析とともに報告書『教育の機会平等』［Coleman, *et al.* 1966］に添付されている。それが一般に『コールマン報告』と呼ばれている。

(2)「階層―教育」問題と、「平等―教育」問題

コールマンは、当初「教育の機会平等」（equal opportunity of education）という表現が様々な意味でつかわれていることに当惑し、何よりその意味を整理して概念を正しく規定することから調査に取り掛からなければならなかった、と別の論文［Coleman 1968］で述懐している。コールマンによると、教育機会の不平等は次の五つの側面のいずれからも把捉可能であると言う［Coleman 1968：16f.］。

① 生徒一人当たりの経費など、物理的条件の不平等。
② 学校内・学級内の人種構成など、学習環境の不平等。
③ 生徒の学習達成への期待値など、教師の側のモラールの不平等。
④ 平等な背景と能力を有しながらも、結果において生徒間にみられる成績の不平等。
⑤ 不平等な背景と能力を有する生徒間の、結果における成績の不平等。

これら五つの側面のうち、①・②・③は生徒の教育へのインプットにみられる不平等であり、④・⑤は、アウトプットにみられる不平等である。後者のアウトプットの不平等、なかでも⑤の不平等（不平等な背景と能力を有する生徒間の、結果における成績の不平等）の実態を明らかにしたことが、『コールマン報告』でもっとも脚光を浴びた点であった。コールマンは、調査対象を「北東都市地区白人」・「南部農村地区白人」・「北東都市地区黒人」・「南部農村地区黒人」の四つに分け、それぞれに属する生徒の学業成績を学年を追って調べている。その結果、もっとも好成績の「北東都市地区白人」とそれに次ぐ成績の「南部農村地区白人」の生徒の場合、第一学年から第一二学年までを通して成績が比較的安定しているが、「北東都市地区黒人」の生徒は、第一学年のときから成績が低いままで推移しており、さらに「南部農村地区黒人」の生徒の場合はもともと成績が低い上、第三学年以降急降下していくことが明らかになった［Coleman 1968：20］。

⑤のような結果の不平等は、教育を受ける前から人種間・階層間に存在していた背景とそれに起因する能力の不平等から帰結したもので、これを事前に是正する施策（アファーマティヴ・アクションなど）を導入していくには、「教育の機会平等」の概念を「実効性のある機会の平等」（*effective* equality of opportunity）として操作的に定義しておくことが必要であった。この概念規定に従うと、結果において実効性に欠けていれば、「教育の機会平等」が保障されたことにはならない。つまり、入口における「機会」の平等は、出口における「結果」の平等を実効的に保障するものでなければならないのである。この事後的な帰結に重きを置く「教育の機会平等」概念は、子どもが学校教育をスタートさせる時点、あるいはそれ以前に補償教育（compensatory education）を実施しておくことを正当化し、国家プロジェクトの「ヘッド・スタート」の実施にも寄与した。それにもかかわらず、実際には、巨額の国費が投入された補償教育策にたいして、実効性を疑わせる様々な実証研究がその後出されて

いる。それらの議論は、全体として、人種間、階層間の不平等の解消が教育の力で可能かどうか、の基底的・原理的な問題に遡っていき、社会改革による階層の平準化が先か、それとも教育改革による教育の平等化が先かという容易に解けないアポリアに逢着していっている。教育は階層の再生産にたいしてしか機能することはできない、とする一九七〇年代以降「再生産論」の名で知られるようになる議論の下地が、このときすでに用意されていたのである。(3)

ただ、ここで留意しなければならないのは、基底的・原理的な「階層—教育」問題をめぐる議論に紛れて、もう一つ重要な論点を見落としてはならないということである。それは前記④のような不平等問題をめぐる論点である。すなわち、平等な（不平等な、ではなく）背景と能力を有しながらも、結果において生徒間にみられる成績の不平等をどのように説明すればよいか、という問題である。これは、一九七〇年代以降「リスク社会」とも「メリトクラシーの社会」とも言われるようになった現代社会の教育状況からみると、特に関わりが深い問題であるように思われる［ベック 1998；ヤング 1972］。

もちろん、こんにちでも、⑤の不平等問題にみられるように、平等な教育の前提条件として生徒の背景と能力がすべて平準化されているわけではない。それゆえ、「階層—教育」問題がすでに過去のものになったというわけでは決してない。それでも、⑤のような階層間の不平等に起因する結果の不平等とともに、④のような平等な前提条件のもとでも帰結してしまう不平等は、今後の教育改革のあり方を考えていくうえで重要な問題——「階層—教育」問題にたいして「平等—教育」問題と呼ぼう——を投げかけている。現代社会は、一方では個人間の「平等」な関係を重要視する社会であると同時に、もう一方では個人の「自由」な努力を基軸価値とする社会であり、それゆえ不平等な帰結が個人の責任に帰せられがちである。それだけに、「平等—教育」問題は教育改革の帰趨を決する重要な論点となっている。この論点をクリアするには、単に補償教育や、「下に厚く」の優先策だけでは充分とはいえない。なぜなら、④の場合の不平等は、定義上、⑤の場合のように社会的・教育的に補填されるべき（しかし実際には補填されなかった）不平等な前提条件から帰結したものではないからである。少なくとも、人種や階層の違いによる有利／不利など、初期条件の違いだけで結果が決定されるとは考えづらい場面での不平等が、④での問題、すなわち「平等―教育」問題である。この場合の結果の不平等の原因は、それではいったい何に帰せられるべきものなのであろうか。

④の「平等―教育」問題の発生については、⑤の「階層―教育」問題ほどには因果関係がはっきりしない。「階層―教育」問題でしばしば不平等な結果の原因とされるものに、アメリカ、イギリスでは「人種」(race)、日本では「未解放部落」の存在などが挙げられる［神原 2000］。人種に代表される階層間の歴史的に継承されてきた不平等は、容易に平準化できる現実ではなく、これまで、そして今なお社会改革の対象とされ、改善が図られている。その限り、「階層―教育」問題の解決はこんにちでも現実的な政策課題である。しかし、仮に人種や階層による制約から自由になったとしても、人びとの間で平等化（平準化）するのが困難な条件はなおいくつも残されている。それらのなかに「ジェンダー」があることはよく知られているが、それとともに見落とすことができないのは「家庭」(family) の個別的背景である。[4]

④における結果の不平等に、家庭の個別的背景からの影響が関わっていることは容易に推察されるが、それを平等化することが困難なのは、実効性のある方策、とりわけ国家介入によるそれには明白な障壁があるからである。ある意味では、それは人種間の不平等の平準化やジェンダー差別の撤廃以上に克服困難な障壁である。というのは、家庭の諸条件は本来的に個別的であり、私事的であり、家庭条件の多様性はむしろ尊重されなければならないと根強く考えられてきているからである。家庭の個別的・私事的背景とその多様性の擁護には、親の宗教上、政治上の信念をふくめた「表現の自由」に根ざす文化的背景の多様性ばかりでなく、親から子に継承される

文化資本的背景の多様性もふくまれている。第五章「権原理論と自然資産としての能力」で詳論するが、個人の財を「自己所有」として権原（entitlement）化し、財の再分配に消極的なスタンスを採る権原理論の主張がそれを代弁している。そうした多様性の擁護が、生徒間に反映される結果の不平等を正当化してきている。この点の分析について、『コールマン報告』にたいする応答として出されたクリストファー・ジェンクスらの研究を通して、さらにみていくことにしよう。

(3)　家庭と学校教育

社会学者ジェンクスらは、『コールマン報告』にふくまれるデータを再分析して著書『不平等』[Jencks, C. *et al.* 1972] を刊行しているが、同著の焦点は、サブタイトルに示されている通り、「家庭と学校教育の効果の再査定」（A reassessment of the effect of family and schooling）に置かれている。これは、『コールマン報告』では階層への関心の集中のため充分には解明されていない主題である。ジェンクスは、「教育の機会平等」に関する研究が資本主義社会における階層（階級）問題に踏み込まざるを得ないことを指摘しつつも、教育機会についての平等主義の改革が、経済的・階層的要因ばかりでなく、家庭的背景（family background）の多様性という学校外の要因にも阻まれて、ほとんど成果を挙げていないことを実証している。その上でジェンクスは、たとえ教育の平等化が経済面から達成されたとしても、それの社会的効果については疑問であるとして次のように言っている。「わたしたちの再調査でも、学校の改革が学校の外部に意味のある社会変化をもたらすと期待し得る証拠は、何一つない。もっとはっきり言えば、教育機会の平等化は成人たちを今より平等にすることにはほとんど寄与しないであろうという証拠が、示されている」と [Jencks 1972：255]。

ジェンクスはさらに遡って、学校外の要因で不利な立場にある者に「結果の平等」を保障しようとする補償教育についても、実効性に懐疑的である。補償教育によっても、家庭的背景の多様性に起因する教育効果の差は縮めることができていないからである。そこでジェンクスが提唱するのは、家庭と学校との機能の違いについて発想を転換することであった。すなわち、学校を社会に人材を供給する工場（factory）として手段視するのではなく、学校をそれ自体で自立した教育機関とみなしていくことである。ジェンクスは次のように言う。「学校を他の何かの手段としてよりも、それ自体で目的であるとみるということは、学校は工場にふさわしい言語よりも、家庭にふさわしい言語で語られるべきだ、ということを示唆している。それが意味しているのは、家庭について判断するときがそうであるように、学校について判断するときも、多様な基準を受け入れなければならない、ということである。実際、多様性は学校と学校制度の表示された目標とならなければならない」と［Jencks 1972：256］。

工場言説にもとづく学校観を家庭言説にもとづくそれに切り替えていく。それによって、学校をそれ自体で完結する教育機関として規定し直していく、という発想の転換である。しかも、これは単なる言説の切り替えだけに止まるものではない。また、家庭に機能として存在する「インフォーマル・エデュケーション」を学校に取り込むことで、読み・書きに片寄った伝統的な学校教育を「新しい学校」に改革していく、といったジョン・デューイ流の方法改善を意図したものでもなく、それ以上に重大な問題を孕んでいる。というのは、「学校」を「家庭」視することにともない、私事の場としての家庭の本来的な多様性（diversity）を、学校は引き取らなければならなくなるからである。しかも学校は、多様性を表示された目標（explicit objective）として引き取らなければならないのである。ジェンクスは、実態の分析では、家庭的背景の多様性を教育機会の平等主義的改革にとって阻害要因とみなしたが、今後の課題としては、一転して多様性を学校自立化への促進要因とみなしたのである。

こうした反転は、学校と家庭の関係が、電灯のスイッチのように状況しだいで接続したり、遮断したりできる任意の関係ではなく、本来的・本質的に結ばれた関係であることにもとづいている。学校は家庭の延長であり、同時に家庭こそが学校である。この入れ子状の組み合わせは、「教室」がごく普通に「ホーム・ルーム（家庭の部屋）」と呼ばれていることにも表われている。ジェンクスの研究で特徴的なのは、学校改善を通しての社会改革、ないしは社会変革を通しての学校改革、といった学校と社会の間の結節点を求めていく方向ではなく、学校と家庭の本来的な結び付きを修復していく方向に、教育改革を導こうとしている点である。それは、「学校改革を通して社会改革を」というかつてのプログレッシヴィズム（革新主義）の主張の破綻を深刻に受け止めながらも、そうかといって、「教育改革に先行して、まず社会改革を」というリヴィジョニズム（修正マルクス主義）の主張に乗り替えるわけでもなく、ただ学校の家庭化／家庭の学校化という内向きの方向に教育改革を誘導していくことである。しかし、その趣旨はかならずしも教育改革論議から社会改革論議を切り離すこと、言い換えれば自己完結的な学校・教育論（＝ペダゴジー）へと回帰することにあるわけではない。そこで意図されているのは、家庭─学校─社会の回路の接続し直しである。

一人ひとりの教師の善意の努力にもかかわらず、学校教育は階層社会の平準化はおろか、それの流動化にも貢献することが少なく、反対に階層の構成員を固定化させ、社会的な不平等の再生産に奉仕してしまっている。それがシステムとしての学校教育の客観的機能にほかならない、という過酷な指摘が「再生産論」から無慈悲にも出されてきている。それにもかかわらず、学校教育になお正当に期待できることがあるとすれば、それは不平等な階層社会のなかで生き抜く耐性を生徒の身に付けさせることである。この意味で学校の家庭化は、ちょっとやそっとでは動じない社会的現実に学校が粘り強く渡り合うための、一歩ひいた方略であったとみることができる。家庭的背景の多様性を取り込んだ学校で、生徒は様々な背景を有する生徒たちと生活を共にしていく。この共同生活により、将来の社会のなかでの生き方、とりわけおたがいを認め合い、支え合う互恵の生き方を身に付けていく。それが即、階層社会、不平等社会の乗り越えに直結すると楽観できるほど見通しは明るくはないが、それでも、いつ到来するか分からない平等な社会のための社会改革に期待しつづけていくよりも、現に今あるがままの社会のなかで、せめて学校教育を受けている期間だけでも人間らしい生き方をさせたい、とする現実的で実際的な見通しにもとづいている。近年のネル・ノディングスの「家庭に社会改革の基点を求める」という発想や、ジェーン・マーチンの「家庭こそが学校だ」という主張も、同様の信念にもとづいている［Noddings, N. 1992；Martin, J. 1992］。家庭―学校―社会の回路の接続のし直しは、家庭に本来的に備わっている機能、特に人と人が分け隔てなく交わり、ケアしケアされる相互的な関係が自然に成り立っている状態に、学校改革の直接的な契機を求め、社会改革への間接的な契機を求めていく方向でなされている。

⑷　多様性

とはいっても、多様な個別的背景をもつ家庭への着目が、社会改革への契機にどのようにつながるかはなお解明の余地がある。家庭の個別的背景は、親の収入、職業・職階、学校歴などの客観的な指標により「階層」として再構成され、固定化されることもあり得る。現に社会学者はそうした操作によって、階層間の不平等（「格差」）を検出している。階層間の不平等を、デフォルトできない初期条件とみなすならば、前記④の意味での不平等は独立したカテゴリーとはみなされなくなり、⑤の意味での不平等に吸収され、「平等―教育」問題も「階層―教育」問題に回収されてしまう。つまり、結果における不平等は、④の意味でも、⑤の意味でもスタート時点の不平等からの帰結に還元され、家庭的背景の多様性は「階層」設定の指標とされてしまうことになる。このことが問題なのは、家庭的背景に内在する指標化不可能な要因が切り捨てられてしまうことだけではない。生まれ落ちた家庭に付きまとう「運」を、財の公正な分配の視点としてどのように組み込むか、という問題意識を稀薄にしてしまうこともまた問題である。

その一方では、家庭的背景の多様性とともに個人の能力の多様性も、技術的に解消できる／解消されるべき不平等というよりも、「個性」の名のもとで、社会の豊饒化と社会全体の価値増殖の構成要因として積極的に位置づけていく見方もある。この見方の根底には、社会全体の総量的な利益を優先させ、人それぞれの生き方をそれへの貢献によってしか評価しない功利主義の発想が、潜んでいる。個人への教育財の分配が、この功利主義的な発想のもとで政策化されてしまうことにたいする批判的立場として、まさに平等理論が求められてきたのである。この平等理論に、一九七〇年代以降、理論としての基礎を提供してきたのが、「公正としての正義」(justice as fairness) の名で知られるジョン・ロールズの社会哲学である。

2　ロールズの「格差原理」と教育の分配

(1)　「一人ひとりの人」と、「全体としての社会」

ロールズの功利主義批判はよく知られている。それは、『正義論』の冒頭に出てくる次の有名な言明にもっとも印象深く表わされている。「一人ひとりの人は、全体としての社会の利益でさえも凌駕することができない正義に基礎を置く不可侵性を有している。この理由により、正義は、ある人たちの自由の喪失が他の人たちへのより多くの善きものの供与につながるということで正しいとされるのを、拒否する。」[Rawls 1971 : 3f.]

このようにロールズは、人びとが善きもの (good) とみなすことの社会的総量の増加を正 (right) とする功利主義の立場を拒絶することから『正義論』を書き出しているが、その後景に鮮明に描かれているのは、「一人ひとりの人」(each person) と「全体としての社会」(society as a whole) との対置の図式である。すなわち、全体としての社会の善きものを、一人ひとりの人の善きものの積分とみなす見方は成り立たないということである。一人ひとりの個人は、社会全体の福利によっても凌駕されない不可侵の自由を有している。言い換えれば、個人の自由は社会全体の福利に結び付く限りで保障される〝但し書き付き〟の自由ではなく、むしろ個人は、社会全体の福利の名でも侵害されない自由を権利として有している、という認識である。これは功利主義 (utilitarian-ism) にたいして権利論 (theory of right) の立場を表明したものである。

個人と社会全体との対置は、社会の財・サーヴィスを受ける機会をどのように分配するかを決めていくさい、いっそう際立ってくる。ロールズが重要視するのは、人びとの善き生の構想はそれぞれ独自のものであり、たがいに共約することが不可能であるということ、つまり一人ひとりの善き生の構想は共通分母で通分できる分子のようなものではなく、それぞれが独立した単位として存在しているという「複数性」(plurality) である。それを前提にすると、人びとの間での財の分配問題は、もはや比例配分方式では解決できない。それにたいして功利主義に拠ると、人びとが有する善きものは一定の基準値の倍数として衡量でき、それゆえ加算したり、合算したりしていくことも不可能ではない。財・サーヴィスの分配も、それが個人の善きものにどれだけ役立ち、結果として社会全体の善きものの増加にどれだけ貢献するかの帰結に照らして比例配分される。つまり、将来より大きな社会的貢献が期待される人には、より多くの教育財が分配されるのにたいして、貢献があまり見込まれない人にはそれなりの分配に止まる。個人の善きものの増進と社会全体の善きものの増進とは連動している、と考えられているのである。

ロールズはまた、「分配の問題は正しさの概念のもとに服する」[Rawls 1971 : 25] のであって、善 (good) の概念から決定されるべきものではない、と言う。どれだけ個人の善きものが増し、社会全体の善きものも増すかという帰結主義の立場からではなく、誰に分配するのが正しい（right）ことなのか、言い換えれば誰にこそ権利がある（right）のかという権利論の立場から、分配問題（problem of distribution）は解決されていくべきなのである。この正しさ＝権利の概念に服する分配のあり方を定式化したのが、よく知られている「正義の二原理」である。すなわち、

第一原理：一人ひとりの人は、すべての人の同じような自由の体系と両立する平等な基本的自由のもっとも広範囲な全体系にたいして、平等な権利をもつべきである。

第二原理：社会的、経済的な様々な不平等は、それらが、

(a)　正義にかなった〔未来世代のための〕備蓄原理とも整合しつつ、もっとも不利な人びとの最大限の利益のためになると同時に、

(b)　公正な機会平等の条件のもとで、すべての人に開かれた役職と地位に付随するように、調整されるべきである［Rawls 1971：302　大括弧内は引用者による補足］。

この正しさの概念に服する分配の正義は、教育が社会から供給される財・サーヴィスの一種とみなされる限り、一般方針として、その分配問題にも当てはまらなければならない。しかし、教育財が分配対象として特殊な性質を有していることも確かである。教育は、賃金などの物質的な財が、例えば「同一賃金」のように平等な分配を人為的に実現することも不可能でないような分配対象とは異なり、「同一にする」ということ自体の規定が本質的に困難な対象である（序章「分配論と『教育の視点』」参照）。それは、「AとBは同じ教育を受けた」という言明の多義性を想起しただけでも判るであろう。それゆえ教育において分配は、究極点においても、せいぜい教育

を受ける機会の平等という制度上の条件整備においてしか現実化しない。この点では、介護サーヴィスなどにも同じような事情がみられる。実質的な充足度で平等化しようとすると、要介護の度級に応じて財を不平等に分配しなければならなくなるが、そうなると、個人の自己努力をそぐことにもなりかねないので、充足度つまり福利（welfare）の平等よりも、機会の平等に重心をかけざるを得ない。教育の課題は、個人を助けることであるよりも個人の努力を助けること、つまり「自助への援助」であるという近代の教育概念は、今なお意義を失っていない（序章参照）。

また教育には未来にたいする投資としての機能もあり、即時的な効用だけでは分配の正当性を査定することはできない。だからこそ、ロールズは「格差原理」（difference principle）として知られる前掲「正義の第二原理」の(a)に、「備蓄原理」（savings principle）を加えて整合性を保とうとしている。備蓄原理は、「格差原理の適用のさいの正当な期待が、未来世代にまで及ぶもっとも恵まれない人びとの長期的繁栄への期待である」から必要とされるのであり、その現れ方は「機械や他の生産手段の実質投資から、学習と教育への投資まで様々であり得る」[Rawls 1971 : 285]。特に教育の分配には、効用の現れの不確定性をふくみながらも、長期的な期待に応えるための備蓄としてなされていくという面がある。しかも教育の分配にかけられる期待には、目にみえる物質的価値の産出ということだけではなく、文化・政治への参加という制度的価値や、自己尊厳の確立という精神的価値の創出などのように、収支のバランスシートに載りづらい効用もまたふくまれている。

(2)　機会原理と公正な分配

前述のようにロールズは、正義の第二原理の(b)ですべての人に平等に開かれた機会の保障を定式化した。そのさいロールズは、単に「機会の平等」を求めるだけではなく、敢えて「機会の公正な平等」（fair equality of opportunity）を求めている。しかもそれは、第二原理の(a)、すなわちもっとも恵まれない者に最大限の利益を補償せよという「格差原理」の適用に優先して求められている。このように、すべての人に職業や役職に就く機会を平等に保障せよとする原理――これを「機会原理」と呼んでいくことにしよう――を、格差原理に優先させた理由はどこにあるのであろうか。それは決して、そうした機会が得られない場合に、そうでなければ手に入れることができたはずの利得を人は獲られなくなるから、という消極的な理由からだけではない。機会を得られないことそれ自体が、人のかけがえのない自己実現の不充足をもたらすからでもある。そのために、ロールズは特定の人びとへの財の補償（正義の第二原理(a)＝格差原理）に先立ち、何よりもすべての人への機会の保障（正義の第二原理(b)＝機会原理）を確保せよ、と積極的に主張したのである。格差原理は機会原理に先行するものではないのである。

この機会原理の重要性を、ロールズは次のように強調している。「〔ある職務に就く機会が得られなかった〕者の不平（complaint）が正当であるのは、かれらが、富や特権のような職務からもたらされる外的な報酬から排除されているからだけではない。社会的義務（social duties）を身を入れて、巧みに成し遂げることからもたらされる自己実現を経験することから、かれらは排除されてしまうからでもある。かれらは、人としての善きこと（human good）の主要なあり方の一つを奪われてしまうことになるのである」［Rawls 1971：84　大括弧内は引用者による補充］。人は、たとえ忍耐と訓練をともなうことであっても、何らかの社会的義務に参加し、身を入れて（devoted）、巧みに（skillful）それを遂行していくことを通して自分自身の生を実現していく。機会が得られるということは、人としての善き生を、社会的義務への参加を通して実現させていくということなのである。そうした社会的な自己実現（realization of self）の機会は、代償となる別の補償財、例えば失業手当のような結果相応の財によって埋め合わせが利くものではない。就職などの機会は、それに付随して一定の所得が確保されるから価値があるのではなく、それを通して人としての善き生が社会の場で実現されるからこそ価値があるのである。それだけに、職務に就く機会は人びとの間に平等に開かれていなければならない。そうでなければ、たとえどのように手厚い代替措置が講じられても、人びとの不平を収めることはできないのである。

しかしながら、そこで自己実現を果たそうとする職種に就く機会や、そこで自分の能力を開発しようとする教育機関に入る機会は、それ自体絶対量に限りがある。つまり、それらは稀少財である。しかも機会という財は、財貨や物財のように、ある人には多く、別の人には少なく分与されたり、細分してすべての人に平等に行き渡らせたりしていくことができる分割可能財ではない。それは、誰かが手に入れれば他の人は手に入れることができないゼロ・サム財である［Brighouse 2004 : 51］。入試の合否判定がそうであるように、たった一点の差で機会を得る者と逸する者とは絶対的に分かれてしまう。全員に五分の一ずつ入学の機会が平等に与えられるというようなことは、想像だにできない。それが財としての機会（opportunity）の分配上の特質である。機会原理が単なる「機会の平等」原理としてではなく、「機会の公正な平等」原理として表現され、公正性が負荷されるのも、機会の得逸の絶対的な区分はフェアーな手続きなしには正当化できないからである。

だがそれは、スポーツなどの競技で、勝者／敗者の決定がフェアーなルールの適用で不偏的になされるのとは、かならずしも類比的ではない。公正性が要請させるのは、むしろ、力の勝る者がつねに勝者になってしまう「自然的自由のシステムにおける機会の形式的平等」の欠陥を是正するためである。『正義論』（1971）での「機会の公平な平等」の規定を、ロールズは三〇年後の著書、そしてロールズ最後の著書となった『公正としての正義再説』（2001）でも踏襲して、次のように説明している。

「公正な機会という観念を精確に述べるために、次のように言おう。すなわち、生まれついて授かっているものに、人びとの間で分配・分布があると想定するならば、同一水準の才能と能力をもち、しかもそれらの才能と能力を使おうとする同一の意欲（willingness）をもつ人には、社会的な出自の階層、つまりそこに生まれ落ち、そこで理性の年齢まで発達してきた階層にかかわりなしに、同一の成功の見込みがもたれるべきである、と言おう。同じようにやる気をもち（motivated）、同じように生得物を授けられて（endowed）いる人には、社会のあらゆるところで、ほぼ同一の育成と達成がなされてしかるべきである。」[Rawls 2001：43f.]

このように述べて、ロールズは「ここでの機会の公正な平等がリベラルな平等である」とし、それを「自然的自由のシステム」から明確に区別している。

(3)　リベラルな機会原理

それでは、このリベラルな機会原理は、自然的自由の機会原理にどのような修正を施しているのであろうか。ロールズによれば、どちらの原理も、出自の階層により機会の得逸が決まってしまう不合理を避けるために立てられている。しかし、上で引用したリベラルな機会原理の上に、自然的自由の形式的な機会原理を重ね合わせてみると、重なる部分とともに、明らかにはみ出す部分があることが判る。まず、「同一水準の才能と能力」があれば「同一の成功の見込み」がもたれるべきだという部分については、自然的自由の形式的な機会原理でも、「才能に応じた地位と職」の取得が求められており、趣旨は重なっている。どちらの原理も、メリトクラシーを肯定している点では変わりがない。はみ出す部分がみられるのは、それにつづく次の部分、すなわち、「しかもそれらの才能と能力を使おうとする同一の意欲をもつ人」についても、「同一の成功の見込み」がもたれるべきだとされる部分である。才能が同一水準であることだけでなく、才能を利用しようという意欲が同一水準であることにも、同一水準の成功が期待されるべきだというのである。

リベラルな機会原理で付加されるこの部分は、たしかに自然的自由の形式的な機会原理からはみ出ている。それは、単に同一才能に同一成功を無差別に対応づける一律の機会平等観ではなく、人びとの自由意思が多かれ少なかれ関わりをもつ意欲についても、同一意欲に同一成功を対応づける柔軟な機会平等観にもとづいている。しかし、このリベラルな機会原理は、才能と才能を利用しようとする意欲とをどのように識別するかという認識論上の困難ばかりでなく、意欲に差がある者の間ならば、機会が不平等に分け与えられてよいのか、という分配論上の問題も抱えている。

だいいち「才能」(talent)といっても、生まれたままのいわば自然的能力としてそれがあるわけではない。ロールズも、「知能や、様々な生まれつきの能力(歌や舞踊の)は、一定容量の固定資産ではない。それらは、そのものとしては潜在的なものに過ぎず、それらの現実的な実現(actual realization)は社会的な諸条件に依存しており、その条件のなかには、それらの訓練と奨励と承認に直接関与している社会の側の構えがふくまれている。生まれついて授けられているものを測るメジャーなるもの(そういうものはあり得ない)は、理論的にも問題外であるように思われる」としている[Rawls 2001：158]。才能は、それが「何」に差し向けられるかというインテンション、つまり志向性を抜きには測る手立てがない。その「何」かは個人の願望の対象であると同時に、学問にしろ、芸術にしろ、スポーツにしろ、それぞれの科目や種目において公共的な形式をもつ実在でもあるから、その形式に沿った専門的な指導——それをかつてリチャード・S・ピーターズは「イニシエーションとしての教育」(education as initiation)と呼んだ[Peters 1966；宮寺 1997]——を受ける機会をどれだけ分配されたかに、才能の開花は依存している。才能の開花ばかりでなく、才能の存在それ自体も、教育の、いや社会によってなされる教育の関数である。社会により教育財の分配がなされなかった分野の才能――例えば〝プッシュ・ピン〟の才能――は、はじめから誰にも備わっていなかったのである。

格差原理は、財の不平等な傾斜配分の正当化論として知られている。すなわち、不平等な傾斜配分が正当とされるのは、もっとも恵まれない人びとの善き生の改善に、それが結び付く限りにおいてである、と格差原理は指示する。ただし、既述のように、この格差原理の適用よりも機会原理の適用が優先している。その上リベラルな機会原理は、才能を使用する意欲が同一であれば成功の見込みも同一であるべきだ、と指示している。ということは、意欲が同一でないならば、成功する機会は同一に保障していく必要はない、ということである。意欲に関する限り、それにもっとも恵まれていない人びとに格別な分配がなされることはない。要するに、意欲に欠ける者にまで格差原理は適用されない。なぜなら、格差原理は機会原理に先行することがあってはならないし、だいいち意欲のあるなしは当人の自由意思の問題であるとみなされるからである。当人の自由意思に関わる事柄は、機会原理の適用の範囲内で処理されるべきで、その領域に格差原理が先行して入り込むことは、個人の意欲、すなわち自己の才能を使用する意欲をそぐことになるからである。

しかし、個人の意欲はすべて当人の自由意思で湧出したり、減退したりするものなのであろうか。ロールズは先に引用したリベラルな機会原理で、「同一水準の才能と能力をもち、しかもそれらの才能と能力を使おうとする同一の意欲をもつ人には、社会的な出自の階層、つまりそこに生まれ落ち、そこで理性の年齢まで発達してきた階層にかかわりなしに、同一の成功の見込みがもたれるべきである」と規定したが、この同一意欲・同一成功の原則が、人びとの所属階層を超えて、どこまで教育の分配原則として通用するかどうかは、理論的に確定すべきことというよりも、文脈と経過に応じて経験的に検証されるべきこととして残されよう。というのは、同一能力と同一意欲をもつ者に同一成功を保障するために分配される教育は、出発の時点で「同一」にそろえられても、結果が「同一」になる保証はなく、不確定であるからである。そうした配分対象としての特殊性と難しさを考慮に入れても、教育の分配問題についてのロールズの議論には、一般方針の一貫した適用から逸れる面がある。後述するように、この不整合は分配対象が教育だからということだけには止まらない問題をふくんでいる。正しさの概念と「正義」の名のもとで分配問題を処理していこうとすると、どうしてもある種の〝壁〟に突き当たらざるを得ない。その〝壁〟は、格差原理、すなわちもっとも恵まれない立場に置かれている者の利益を最大化せよというわゆる「マクシミン・ルール」の適用の正当化問題とも関連している。ロールズにおいて教育の分配問題への言及がみられるのが、この格差原理の正当化との関わりからであるということは、特に注目する必要がある。

3　格差原理と「自然による分配」

(1)　『正義論』のテクスト

そこで、浩瀚《こうかん》な『正義論』のなかで教育の分配についての言及が集中的にみられるテクストを、そのコンテクストを崩さないように取り出してみることにしよう。筆者訳による以下の引用箇所は、格差原理は単なる補償原理（redress principle）ではなく、それゆえ、すべての人が同じ競技レースで公平に扱われるようにハンディをならす（even）ように社会に要求する原理ではない、とした後に続くものである。

「とはいえ、格差原理は、例えばもっとも恵まれない者の長期的な将来の見込みを改善していくように、教育において資源を割り当てていくであろう。この目的の達成が、才能に恵まれた者により多くの配慮を与えるということで実現されるならば、それは許される。そうでないならば、許されない。そしてこの決定がなされるさい、教育の価値は経済的効率と社会的利益の観点のみから査定されるべきではない。それ以上ではないとしても、同じように教育の役割は、人に自分の社会の文化の享受を可能にし、社会の事業への参加を可能にし、そのようにして一人ひとりの個人に自分が価値ある存在なのだという感覚を保証していくことにおいて、重要である。

かくして、格差原理は補償原理と同一ではないとしても、補償原理の狙いのいくつかを現に果たしている。それは、制度の構想全体がもはや効率性と専門家支配の価値に重きを置くことがないように、基本構造の諸目的を変えていく。そのようにしてわたしたちに分かってくるのは、格差原理は結果として、自然的な才能の分配を共有の財とみなし、どのようなものになろうとも、この分配の便益を分かち合うことの合意を表わしている、ということである。自然により才能に恵まれた者は誰であっても、才能が奪われている者の境遇を改善することにおいてのみ、かれらの幸運から利益を得ることが許される。自然により恵まれた者は、単にかれらがより多く才能が与えられているからという理由で、利益を得るべきではない。むしろ、養成と教育にかかったコストを自分で取り戻して、自分だけでなく幸運に恵まれていない者の助けになるような仕方で自分の天賦の才能を用いるためにのみ、利益を得るべきである。人より大きな自分の自然的能力に資格づけられた者は誰もいないし、人より恵まれた社会的な出発地点を占めるに価する者もいない。とはいえ、そうした特性は撤廃されるべきだということにはならない。そうした特性の扱い方については、もう一つ別のやり方がある。社会の基本構造を調整していけば、こうした偶然によって与えられたことが幸運にもっとも恵まれていない者の善きことのためになるようにしていくことができる。かくしてわたしたちは、自然から与えられた長所とか、社会のなかでの生まれ落ちた初期的地位とかの分配における恣意的な位置から（代償として埋め合わせの優位性を与えたり、受けたりすることなく)、誰も利益を得たり、損をしたりすることはないように社会の仕組みを設定しようと願うならば、格差原理に導かれることになる。

……自然による分配は正義でも不正義でもない。人びとが社会のなかに生まれるとき、特定の地位に生まれ落ちてしまうのも不正義ではない。これらのことはただ自然的な事実にすぎない。正義や不正義とは、これらの事実を制度が扱うやり方について言えることである。貴族制社会とカースト制社会が不正義なのは、これらの偶然性を、多少なりとも閉じられた特権階級に帰属するための基盤にしてしまっているからである。これらの社会の基本構造は、自然のなかにみられる偶然性をそのまま組み込んでしまっている。しかし人びとはこうした偶然性に従う必要はない。社会の仕組みは人間の統制を超えた変更不可能なものではなく、人間の行為のパターンに過ぎない。公正としての正義においては、人びとはたがいに運命を分有することに合意している。さまざまな制度を設計するさい、人びとは自然と社会環境の偶発事から利益を得ようとするのは、そうすることが共通の利益になるときのみである。正義の二原理は、幸運の偶然性を満足させる公正な仕方である。他の仕方では疑いなく不完全であるが、これらの原理を満足する制度は正義である。

さらに重要なことは、格差原理が互恵性の観念を表現していることである。それは相互利益の原理である。……例えばAとBという二人の人を代表者として想定し、Bのほうがより恵まれていない人としよう。実際、わたしたちがもっとも関心を寄せているのはもっとも恵まれない人との対比であるから、Bがこの種の個人であると仮定しておこう。さてAが裕福であることをBが容認できるのは、Aの優位性がBの繁栄を改善していくようなやり方で得られたものであるからである。仮にAにかれのよりよき地位が許されないならば、Bは今以上によくない状態になってしまうであろう。ここで難しいのは、Aには不平を言うどのような根拠もないということを示すことである。おそらく、かれがより多くを所有することがBへのある程度の損失となって結果するという理由で、Aは可能な限りの最大限より少なく所有するように求められよう。さて、より恵まれた人にたいしては何を言うことができるであろうか。まず、一人ひとりの善き生は社会的協働に依存しており、それなしでは誰も満足した生を送れないであろうということは明らかである。第二に、わたしたちが自発的な協働を要求することができるのは、その仕組みが合理的である場合のみである。そうであるから、格差原理は公正な基盤であり、その基盤の上でこそ、よりよく天賦の才に恵まれた者、社会環境のなかでよりよい幸運に恵まれた者は、何らかの有効な調整がすべての人の善さの必要条件である場合に、他の人びとにたいして自分たちとの協働を期待することができるように思われる。

よりよい地位にいる者は、他者の利益になろうがなるまいが、かれらの優位性に価するのだと言って反対したくなるのは自然の傾きである。この点では、価するという観念について明確にしていく必要がある。……よりよく恵まれた者は、自分たちのよりよき状況を確保してくれという要求をもっているし、かれらの要求は社会の制度によって確立された正統な期待でもあり、共同体はこの期待を満たす義務がある。しかしこのときの価するということの意味は、協働の仕組みが成り立っていることを前提としている。ただし、価するということの意味は、この協働の仕組みがそもそも格差原理に合致するようにつくられるべきなのか、または別の原理に合致するようにつくられるべきかという問題には関わりをもたない。

より多くの自然的な才能を授けられている人は、そうした財を持つに価しており、さらには、そうした財たる才能の開花を可能にする優れた性格を持つに価する、と考える人もいるであろう。そうした多くの才能を授けられている人は、この意味で他者よりもより価値のある人であるから、その財があれば成し遂げることができる、より大きな優位性に価している、と。しかしながら、この見方が正しくないのは確かである。生得的に授けられた才能の分配において、自分の位置に価する者は誰もいないし、それは社会で自分の生まれ落ちた初期の出発地点に価する者が誰もいないのと同じであるということは、わたしたちがよく考えた上で判断を下す場合、定まった見方の一つとなっているように思われる。人は自分の能力を開発する努力を可能にする優れた性格を持つに価する、という確言も同様に問題がある。というのは、かれの優れた性格はその多くの部分を幸運な家庭と社会的環境に依存しており、かれはそうした恵まれた家庭と社会環境が自分の功績だとは主張できないからである。こうした場合には、価するという考えはあてはまらないようにみえる。かくして、より優位にいる代表者は、他者の福利に貢献することのない仕方でそこから便益を得ることが許される協働の仕組みに価し、それにたいして権利を有している、ということはできない。そういう要求をする基盤はその人にはない。そうであるから、常識の見地からすると、より優位にいる個人と、より不利な地位にいる個人のどちらにとっても格差原理は受け入れ可能なものになるのである。……」[Rawls 1971：101–4]

(2) 補償と分配

出だしの段落でロールズが「教育」の名で直示する作用は、その価値が「経済的効率と社会的利益の観点のみから査定されるべきではない」ような作用、すなわち社会生活や文化活動への参加や、自己尊厳の確立などの、精神的価値の創出に関わる作用である。これは、財の分配が物質的価値の創出に偏って考えられがちであるので、教育の分配を例にして、視野の拡大を意図したものである。しかしこれは、教育が人びとの能力を開発して、それを社会的に役立てていく財・サーヴィスであり、現に経済的にも社会的にも、物質的価値の創出に関与していることを否定しているわけではない。財としての教育の分配には、「経済的効率と社会的利益の観点」もまた外せないはずである。むしろ、この広げられた観点のもとで、精神的価値の創出に関わる教育の規範的な視点が、確認されなければならないのである（序章「分配論と『教育の視点』」参照）。平等理論は、精神的価値の創出だけではなく、物質的価値の創出に関しても、教育財の分配の平等なあり方を求めていく。

平等理論は、生得的に優れた才能と能力を賦与された人、あるいは才能と能力の開発に有利な初期環境に生まれ落ちた人と、それらの優位性に恵まれなかった人との間の差が、できるだけ縮められることが望ましいとする。この平等理論の主張を全面的に実現しようとすれば、遺伝子設計や家庭の共有化などにより、初期段階で条件を平等にそろえておく必要があろう。しかし、こうした思考実験はもちろん現実性に欠けている。実際には、人びとの間には、調整のできない差異が初期段階から存在しており、その差異が閾値（限界値）を越えれば、何らかの補償が講じられなければならなくなる。多くの場合、それは交通死亡事故の補償がそうであるように、X（生命）という財に対して、それとは別のカテゴリーに属するY（金銭）という財によってなされる。財Xの取り戻し、ないし完全な埋め合わせは不可能であるという了解のもとで、財Yによる代替的な補償がなされるのである。ただ、財Yによる財Xの補償が正当に成り立ち、また必要になるのは、当事者間で何らかの財の剝奪があったと認定され、しかも一方が責任を負わなければならないと判断される場合に限られる。損害賠償はその典型であり、賠償（reparation）の責任が、当事者でない無関係な者にまで及ぶことはない。それは交通事故の事例を想い浮かべれば判り易いであろう。事故の当事者ではない者、例えばすべての乗用車の所有者にまで賠償の共同責任が負わされることはない。

ところが、補償（redress）原理が適用される場合、「当事者」と「責任」は拡張して解釈され、優れた才能と能力を賦与された人、ないしは恵まれた初期環境に生まれ落ちた人と、それらの優位性に恵まれなかった人との間にも、当事者性が成り立つかどうかが問題になる。この場合、双方は交通事故の加害者と被害者と同じように「当事者」となり得るのであろうか。つまり、一方の者の不利な境遇にたいして、他方の者は「責任」を負わなければならないのであろうか。

仮に財Xの絶対量が定まっているとすれば、ある人（ある階層）による財Xの取得は、必然的に他の人（他の階層）による取得を少量化していく。そういう相関的な関係においては、前者による先行取得に何らかの制約と責任が課せられることはあり得よう。もちろん、それは財の取得方法の性格にもよることであり、責任の取り方を一概に規定することはできない。例えば、入試の合格者は、一緒に努力してきたライバルの不合格者に負い目を感じることはあっても、努力をしなかった不合格者に責任を感じなければならないわけではないであろう。それでは、能力のある人とそうではない人との間ではどうであろうか、

(3)「自然による分配」

人びとに授けられる才能と能力の総体が、絶対量の定まった共有財であると想定するのは現実的ではないが、それでも、才能と能力の選別と資格づけ（accreditation）の機会は決して無際限にあるわけではなく、才能と能力を伸ばし開花させる教育機関の確保をめぐって、相互に排除的な競争が現になされている。才能と能力自体が、差異化の上に成り立つ相対的な価値であり、仮にすべての人にそれらが等質・等量授けられているとすれば、もはや価値ではなくなる。全体の絶対量は定まっていないとしても、才能と能力に恵まれた者とそうではない者、また才能と能力の開花に有利な地位にいる者とそうではない者との差は、つねに存在している。

ロールズは、こうした場合にも補償原理が成り立つことを示すために、当事者間での財Yの「補償」（redress）を、社会による財Yの「分配」（distribution）に置き換えて問題にしていく。補償の場合は、賠償と同じように、その主体は当事者の一方（交通事故では加害者）と考えられがちである。しかし分配となると、その主体は社会の構成員全体となる。それゆえ財Yの分配は、つねに社会による「再分配」（redistribution）として

なされることになるが、この社会による分配と再分配を正当化するためにロールズは独特のレトリックを駆使している。それは、財Yによる補償を配慮せざるをえなくする、その原因となる才能や能力などの財Xが、それ自体所与の自己所有物ではなく、分配の結果であるとみなすことである。つまり「自然による分配」（natural distribution）というレトリックである。ロールズは、「（この）自然による分配は正義でも不正義でもない。人びとが社会のなかに生まれるとき、特定の地位に生まれ落ちてしまうのも不正義ではない。これらのことはただ自然的な事実にすぎない」としている。

人より優れた才能や高い能力を賦与された者は、「自然による分配」により恵まれた者であり、それは生まれ落ちた環境により、社会的に有利な生育拠点を得ている者でも同様である。これらの生まれによる先行取得を「分配」とみなすことによって、被分配者に補償責任を分有させ、再分配への道筋をつけていくのが「自然による分配」というレトリックである。初期分配が「自然による分配」であるということは、そこには必然性も正当性もなく、ただ恣意性と偶然性のみが関わっているということを意味している。自然により分配された才能の持ち主には、それを意のままに使ってよい権利は、少なくとも道徳的（に正当化される）権利としてはない。しかし、だからといって、補償原理をそのまま適用して、優れた才能や多くの能力を自然により分配された者が産出する財を、すべて再分配の対象に回してよいとはロールズは考えないが、その理由は社会の生産効率性への配慮からである。仮に再分配策を徹底するとすれば、才能や能力は、たとえどんなに高度に磨いたとしても、そこから得られる収益が当人のものとならないので、その所有者によって充分有効に潜在価値を開発されないままおわってしまう公算が大きいからである。ロールズは、優位な地位を自然により分配された者が、その優位性を才能や能力の開発に向けて利用するインセンティヴをもたなければ、不利な地位にいる人の福利の改善にもよい影響が及ぶことはない、としている。この意味で、優位な地位にいる者と不利な地位にいる者とは互恵的な協働関係にあるのである。

(4)　能力の恣意性と有価性

そこで問題になるのは、自然により分配される才能と能力の恣意性（arbitrariness）と有能性（merit）との関係である。すなわち、優れた才能と能力を有する者は、たまたまそのように生まれついただけだ（それゆえかれら／彼女らの才能と能力は全体の利益に奉仕するように使われるべきだ）ということと、優れた才能と能力を有する者こそが、それ相応の教育に価する（かれら／彼女らこそが教育から利益を得るべきだ）ということの整合性をどのように図るかが問題となる。有能性の概念の前提にあるのが、自分はこの能力に価する（deserve）という有価性（desert）の概念である。

ジョエル・ファインバーグは「有価性（価すること）」の概念について次のように言っている。「ある人が何らかの扱いに価するとするならば、それは必然的に、その人がある種の所有された性質と先行する活動のゆえに価するということである。」この有価性の必要条件としての所有された資質と先行する活動を、ファインバーグは「有価性ベース」（desert bases）と呼んでいる［Feinberg 1970 : 58］。有価性ベースとしてみなされるのは、何よりも当人によって所有されている資質であることと、当人の実績としてその直前になされた活動であることである。つまり、周囲の人、とりわけ親が所有する資質と活動や、あまりに隔たった過去の資質と活動（例えば高校入試判定時の小学校時代の成績）は有価性ベースには入らない。しかし、当人が所有する資質と活動のすべてが有価性ベースとして同じ価値を有するわけではなく、ファインバーグはその判定基準の候補として功利性と必要と能力の三つを挙げている。これらのうち、「SがXに価するのは、そうすることが公共の利益になるからである」という功利性は有価性ベースの主体にはなり得ないが［Feinberg 1970 : 81］、反面、ある種の人びとにみられる経済的、身体的、能力的な必要（ニーズ）も、それ自体としては社会的補償の対象となり得る限りで有価性ベースになるのみである［Feinberg 1970 : 93］。結局有価性ベースとして算入されるべきもの、とりわけ経済的な財の分配において考慮されるべきものは、ファインバーグによれば能力（ability）である。

ただ、ファインバーグはハイジャンプの技能を競うコンペティションを例にして、「賞（prize）に価する者」と「賞を勝ち獲る（win）に価する者」との区別を重視している。それは、能力という有価性ベースを誰よりも所有し、また実績も積んできていながら、状況により――当日の身体的コンディションばかりでなく、勝敗を決める制度的ルールなどをふくめて――賞を勝ち獲らなかった者がいることに注意を向けるためである。「技能のコンペティションで勝者に価する者は技能のもっとも優れた者であるが、運により（because of luck）かれがいつでも勝者になるとは限らない」［Feinberg 1970 : 64］。勝者を決定する制度的条件は、技能の優劣を精確に判定する基準とはならないが、それでもコンペティションでの決着はこれでつけざるを得ない。とくに偶然（chance）が深く関わる競技では、運・不運が決め手になってしまうことが少なくない。そこで「賞を勝ち獲るに価する者」から区別して「賞に価する者」の存在を留保していくことになるのである。

ファインバーグが「賞（prize）に価する者」の存在を留保するのは、能力（ability）とそれを判定する制度（institution）との間に運（luck）が介在していて、両者の精確な対応づけができないからである。このようにみられる限り、能力ばかりでなく制度にも改善の余地が認められる。制度は、共同体主義者が主張するように、その内部で能力の価値が賦与され成型される所与の枠組みではないのである。ファインバーグは次のように言う。「有価性が道徳的な概念であるのは、それが公的な制度に論理的に先立ち、それから独立しているという意味であって、それが公的な制度の天下った『道徳的』対応物の道具であるという意味ではない」［Feinberg 1970 : 87 傍点は原文］。有価性概念の道徳性は、公的制度の側から「天下った」（ethereal）ものではない。あくまでもそれは、運の介在というような、個人の責任の範囲内にない要因により、個人の能力がかならずしも精確に判定されないという個別的事情への配慮に根ざしている。

(5)「共同資産としての能力」

それにたいして、個人に自然配分された才能と能力を開発していくために、教育の機会を才能と能力に応じて比例配分していくことも選択肢の一つであろう。この場合、個人の所有物のヴァリューアップのために、全体としての社会が有する教育財をなぜ投入しなければならないのかの説明が求められよう。その反対に、個人の能力は社会の「共同資産」(common asset)であるとみなすこともできよう。この場合は、個人の能力と才能を共同出資し、共同運用するということ、つまり「プール」(pool)するということになり、それはたとえ自分自身の才能と能力であっても、私的に使用することは許されないことになる。少なくともその使用が「流用」に当たらないことの査定が〝プール機構〟によってなされなければならない。しかし、才能と能力の〝プール機構〟の社会的役割は、〝大口出資者〟の便益を擁護したり、逆に〝不良債権者〟に低利な融資をしたりすることよりも、むしろ〝アドベンチャラー(冒険者)〟のリスクの肩代わりをすること、つまり保険機構として機能することである。変動の大きな社会で、多かれ少なかれ誰もが抱えるリスクに備えることである。

「共同資産としての能力」という考えは魅力的ではあるが、体力がそうであるように、能力もその所有者と一体化している。能力は、所有者の所有物であることに先立って、所有者の人格そのものであり、当人の存在証明(アイデンティティ)の核心を成すものでもあり、能力を「所有する」という表現自体が一種の換喩である。そうした自己所有(self-ownership)が「共同資産」視されていくということに意味があるかどうかがまず疑われなければならないが、それとともに、そうした発想にたいする権原理論の側からの反発も当然予想される。(5) 権原理論の立場からすれば、人間は誰でも自己利益の最大化につとめる存在である。こうした「合理的個人」の仮説から発想していくならば、能力と才能の「共同資産」が正当化されるのは、それが保険機構として維持されていくときに限られるであろう。社会の変動により資産を失ったり、予期せぬ事故により心身の能力を失ったりするリスクは普遍化しており、誰もが「もっとも恵まれない者」に突き落とされる可能性を有しているから、どのような「合理的個人」も、才能と能力の「共同資産」化に反対はしないはずである。もちろんそれは全額出資ではなく、掛け金がリスクの可能性を上回ってしまえば保険そのものへの加入者もいなくなってしまおう。

　こうした保険機構のような、弱い意味での才能と能力の「共同資産」化とは区別して、才能と能力を個人のものとしてではなく、社会全体のものとして相互に利用し合っていく強い意味での「共同資産」化が積極的に主張されるには、その前提として、個人と個人、とりわけ恵まれた者とそうではない者との協働関係が成り立っていなければならない。しかもそれは、共同体理論が想定するような、個人に先立ってそこにある共同体的結合関係として存在しているのではなく、そこに参加するすべての者の自発的な協働関係（willing cooperation）として存在している。

　ここで『正義論』の出だしで対置されていた二項、すなわち「一人ひとりの人」と「全体としての社会」との結び直しが問われなければならないが、同書の巻末に近い「社会的連合の理想」（The Idea of Social Union）の節（§79）では、ロールズはフンボルトに従ってとしながら次のように述べている。「一人ひとりの人が、他者たちの実現された自然的な資産（natural assets）の全総計に関与することができるのは、構成員たちの必要（needs）と潜在能力（potentialities）の上に構築される社会的連合を通してである。かくしてわたしたちは人類共同体という観念に導かれるが、その共同体において構成員は、自由な諸制度によって引き出されるおたがいの卓越性（excellence）と個性（individuality）から利益を得ることになる。かれらは一人ひとりの善さを、すべての人に同意されすべての人に悦びを与える完全なる活動のエレメントとして受け止める」と［Rawls 1971：523］。フンボルトに従ったと言われるのは、人びとの卓越性と個性が、自由な諸制度のなかから引き出されるとする認識を指していると思われるが、ロールズはさらに、そうした他者たちの善さが多様に蓄積されることによって、一人ひとりの人の善き生が豊かになり、悦びの多いものになることに注意を向けている。このように人びとの善き生がたがいの善さにもなる理想の社会状態に近づくには、全体としての社会が「社会的連合」という共同体（community）として成り立っていなければならない。その共同体のなかではじめて、一人ひとりの人の利益は対立し合うことがなくなり、おたがいの卓越性と個性からおたがいに利益を得ることができるようになる。

人びとが、他者の卓越性と個性を、社会全体の同意された「完全なる活動」のエレメントとして受け止めるということは、芸能や芸術面での才能の場合は理解が比較的容易である。この場合、卓越性と、個性の開発と練磨にインセンティヴを与えるのは、技能の完成への傾注と生の充実という自己満足ばかりではなく、全体としての社会の完全なる活動の豊穣化という利他的な貢献でもある。この自己充足と利他的貢献とは矛盾することがない。そこから当人がなにがしかの利益（演奏料などの収益）を得られたとしても、それは才能の開発と練磨に注がれた努力への正当な対価として、全体としての社会によっても認められよう。それにたいして、科学研究の面での卓越性と個性はどうであろうか。科学研究とその成果としての新技術の開発は、プライオリティとオリジナリティの尊重や特許申請によっても保護されているように、しばしば排他的、競争的な利益追求によってインセンティヴが与えられている。それをそいでしまっては、全体としての社会への貢献も望めなくなる。それゆえ知的財産の公的な保護もまた必要になるが、それが知的「能力」に恵まれた者だけを対象にしていることにまだ課題が残されている。しかし、それが個人の努力によって〝後天的に〟獲得された能力である場合は、どうであろうか。

親から遺贈された資産などの初期的配分や、親から受け継いだ素質などの自然的賦与ならば、社会的にみれば偶然性により得られた財にほかならず、道徳的に正当化できない。それらは個人間の機会の平等な保障を妨げるものだからである。初期的配分と自然的賦与に関して〝先天的〟に不利な境遇におかれている者は、社会にたいして補償を求める道徳的権利を有するとしても、問題は個人の努力によって〝後天的〟に獲得された財をどう考えるかである。この点に関する議論は、権原理論の分配論にまで持ち越されることになる。

註

（1）ボウルズとギンタスは、「平等性」と「効率性」とを両立不可能なトレードオフの関係に置くのは正しくないとして、「平等主義的市場」（egalitarian market）論を提起するまでになっている［ボウルズ、ギンタス 2002：27］。

（2）ハウによると、かれの参加論は、エイミー・ガットマンのリベラリズム論とネル・ノディングスのフェミニズム論とを「和解」させた立場である、と言う［ハウ 2004：10］。エイミー・ガットマンの教育理論については、［平井 2004］がある。

（3）「再生産論」の生成と展開については、［藤田 1987］、［小内 1995］が詳しい。

（4）これ以外に、「能力（とくに生得的な能力）」、「努力（への性向）」などにみられる心理面での不平等も平等化困難な条件に入れられるが、これらについては第一章「環境が人をつくる、か？」を参照。

（5）第五章「権原理論と自然資産としての能力」参照。

第四章　共同体理論と共同資産としての能力

1　能力と能力差

(1)「能力の共同資産」論・再説

学問やスポーツ・芸術などの専門分野や、日常のさまざまな活動領域で、特異的に才能を表わす人がいる。同じ分野・領域でも、ある人は高いレヴェルの問題解決能力を、別の人は低いレヴェルの能力をそれぞれに示している。これら横軸方向に広がる才能の絶対的差異と、縦軸方向に延びる能力の相対的差異のどちらについても、ジョン・ロールズは起源を「自然による分配」に帰した。そうすることで、ロールズは才能と能力をその人自身の「有価性」(desert) とする見方、つまり、自分はこの才能と能力に「価する」(deserve) 人間なのだという独善的な見方を排するとともに、能力面でハンディを背負わされた人びとにたいする連帯補償を正当化した。誰にどの分野での才能が授けられ、それぞれの人にどの程度の能力が備わっているかは文字通り天の配剤である。それは人為を超えており、当人の功績でもなければ、当人だけが責任を負わなければならないハンディでもない。人間の側からすれば、才能と能力の初期的な取得は偶然的な運で決められたことであり、そこには正当な資格づけを請求できる根拠は何もない。才能と能力の開発も、生まれ落ちた環境条件に依存しており、これにも必然性は認められない。

このことをロールズは『正義論』（1971）で「自然による分配」（natural distribution）のレトリックを駆使して論証しようとした。しかし、この論証から個人の才能と能力の共同資産化の議論へと道筋をつけるには、もう一つ、人びとを互恵と互酬で結び付ける「社会的連合」という前提を置く必要があった。しかし、そうした共同体の存在をあらかじめ前提に据えると、人びとの共約不可能な複数性という当初の出発地点から逸脱するおそれがある。後述するように、ロールズの議論のそうした不整合にたいする内在批判が、共同体主義者のマイケル・サンデルから出されていくが、『正義論』の時点でのロールズは、「一人ひとりの人」（each person）と「全体としての社会」（society as a whole）という二項対置をつなぐ理論の延長上に、「能力の共同資産」論を位置づけている。しかしそれは、個体的所有を認めない全体主義的な「社会的所有」論との識別が困難であった。

そこでロールズは、三〇年後の著書『公正としての正義　再説』（2001）で「能力の共同資産」論を再論し、精緻化を試みている。ここでロールズは、才能と能力が個人の所有であることを改めて確認する一方で、共同資産化すべきなのは一人ひとりの才能と能力そのものではなく、それらの社会的なディストリビューションであると次のように明言している。

> 「共同資産とみなされるのは、生まれつき授けられたもの（native endowments）のディストリビューションであって、わたしたちに生まれつき授けられたものそのものではない、ということに注意されたい。個人

に一人ひとり目を向ければ、あたかも社会が、個人に授かったものを切り離して所有している、というようなことはない。その反対に、わたしたちに授かったものについての所有権問題は生じない。それが生じるとしても、それらを所有するのはその人（persons）自身である。その人の心理的、身体的な統合性は、正義の第一原理に服する基本的自由と権利によりすでに保障されている。

そうであるから、共同資産（common asset）とみなすことができるのは、生まれつき授けられたもののディストリビューション、すなわち、人びとの間の差異（differences）である。これらの差異は、同じ種類の才能のヴァリエーション（つまり、強さ・想像力などの程度のヴァリエーション）ばかりでなく、異なる種類の才能のヴァリエーションでもある。こうしたヴァリエーションが共同資産とみなされるのは、それによって、才能間の差異を利用して適切に組織化すれば無数の相補性（complementarities）が可能になるからである。」「わたしは『共同資産』というフレーズを、授かったもののディストリビューションという自然的事実（natural fact）にたいする態度、ないし視点を表現するためにつかう。」［Rawls 2001 : 75f.］

敢えて訳出しなかった「ディストリビューション」（distribution）は、日本語では「分配」・「分布」・「分散」のいずれにも対応し、人びとへの財の分配とその結果としての全体的な分布・分散を意味している。こうした生まれつき授かっている才能の分布（ディストリビューション）が「共同資産」の対象なのであって、その分布図上に点在する個々の才能が「共同資産」の対象となるわけではない。個々の才能は一人ひとりの統合された人格の一部として個体的な所有に帰しており、「共同資産」の名のもとで社会に供出されたり、共用を強要されたりすることはない。

したがって、「共同資産」の対象は現実次元の個々の資産ではなく、それらの相互の関係性において真価が発揮されるメタ次元の資産に過ぎない。しかも〝分配者〟が「自然」とされてしまっている以上、「共同資産」の〝運用者〟についても実体を抽象化した議論が進められるほかない。「共同資産」の〝運用者〟の役割は、才能の絶対的差異を組織化して、個々の才能だけからは得られない余剰の価値を産み出していくことである。つまり「共同資産」の〝運用者〟は、個々の才能の位置関係を調整する差配者である。そうした差配者の存在が必要とされる理由は、ロールズが用いた比喩を引けば、それぞれの楽器で特異的な才能を発揮している人びとを結び合わせることで、個々の才能だけでは得られないオーケストラの愉しみが産み出されるからである［Rawls 2001：76］。

このオーケストラの比喩はたしかに分かり易い。才能の絶対的差異が相補性と矛盾することなく両立するのは明らかである。しかしこの比喩は、それぞれの楽器の分野で表われている特異な才能の「共同資産」化の可能性と必要性は説明できても、同じ分野で異なる程度に示される能力の「共同資産」化についても説明してくれるかどうかは自明ではない。例えば、高度な演奏能力を有するチェロリストと未熟な能力しか身に付けていない初心者との〝合奏〟は、チェロリストの〝独奏〟を上回る余剰の価値を産み出してくれるであろうか。いったい、能力差の分布・分散も「共同資産」の対象になり得るのであろうか。――こうした問題の解明のためには、能力差の起源と、能力の不平等な扱いを正当化している能力主義を問題にしていく必要がある。

(2)「能力主義批判」論

同じ分野・領域の活動において、高い能力をもっている人がいる一方、低い能力しかもっていない人もいる。そうした数直線上に縦長に分布する能力の分散（ディストリビューション）についても、社会は「共同資産」化していくことができるのであろうか。

竹内章郎は、持論の「能力の共同性論」の構想［竹内 1993］を展開する前段として、「能力主義」の名で出されてきた政策批判、つまり「能力主義批判」論の難点を次のように指摘している。「『能力主義』批判の基本的構図は、『自然的』差異を含む多様な発達可能態の外側に『能力主義』を想定することにより成り立っていた、と考えられる。いいかえれば、『自然的』差異を含む多様な発達可能態＝能力自体が、差別・抑圧に連接する、という視点を含んでいなかったと思われる」と［竹内 2005：125］。「能力主義批判」論の特徴は、能力の発達保障と能力主義的選別の二つをきっぱりと区分し、後者のみを批判し、前者を擁護していくことにある。それにたいし竹内は、能力それ自体が多様な差異をふくんでいること、そしてこの「自然的」差異から能力の差別・抑圧が引き出されていることにこそ目を向けるべきだと言う。能力はすべての人に等しく発達可能態として与えられているが、能力主義はそれを「外側から」――例えば資本の論理に従って――選別し、開発していく、というわけではないのである。能力それ自体が「自然的」差異をふくんで一人ひとりに与えられており、それが社会の制度を通して固定化され、選別を正当化しているのである。

したがって、まずは自然と制度の〝共犯関係〟を解きほぐし、新たに関係を結び直していくことが必要となる。竹内によれば「能力の共同性論」は、この結び直しの作業を支援する議論にほかならないが、そのさい能力とその不全としての障害は個体的に所有されるもの、それゆえ自己責任に帰せられるもの、と受け取られるべきではなく、周囲の人びとや環境との間に関係的に存在するものと受け取られなければならない、とされる。例えば、周囲の人が手話を理解してくれる環境下では、耳が聞こえないことは能力の不全とはならない。また、能力が「機能」（function）として働くかどうかは、それを社会が必要としているかどうかによる。それはアマルティア・センの「潜在能力」論が指摘している通りである［セン 1999］。能力とその不全としての障害は、個体的に所有されているものではなく、関係的に存在したり、存在しなかったりするものである。竹内によると、「能力主義批判」論には関係概念として能力をとらえる視点が欠けていて、「発達保障」の名のもとで、もっぱら能力主義政策の側に批判が向けられるのみである。

竹内も洞察しているように、「能力主義批判」論はある種の平等主義に依拠している。すなわち、能力は、少なくともその発達可能性は誰にも平等に与えられており、能力発達の筋道はすべての人に同一である。ただ発達の進み具合に速いか、緩やかかの違いがあるのみである、という平等主義である。人は誰でも平等な権利の主体であるという「人間としての権利（人権）」の一部として「発達する権利（発達権）」が位置づけられるのも、平等主義にもとづいている。しかしこの議論は、発達の速度の違いが何によってもたらされるのかを説明していない。資本制生産のもとでは生産能力は時間の係数で評価されることを想起すれば、速い／緩やかの差異は無視することができない要因で、こうした「自然的」差異が社会的な選別に「連接」していることを見過ごし、それをただ平等な人間本性の偶有的属性としてしかみないのが「能力主義批判」論の難点なのである。

そこで竹内は、能力が個人の単なる偶有的な属性ではなく、その人の人間としてのあり方の不可避的な構成要因であることがもっとも明白に示される例として、障害者の場合を取り上げていく。障害者は、人間として平等である人がたまたま障害者であるというだけの存在ではない。その人が障害をもつということは、その人の人間としての存在に本具的に関わりのあることである。能力、およびその不全としての障害のゆえに人を差別化するのではなく、また能力・障害から抽象して人を平等視するのでもなく、人がそれぞれ多様な差異をふくんだ能力をもつことを人間の不可避的なあり方としてみていく。このように、人間と能力・障害とを「分離的に関係させる」［竹内 2005：149］ことの重要性を確認した上で、竹内は「能力の共同性論」を展開していくのである[1]。

竹内の「能力の共同性論」で注目される要点、とりわけ、ケアしケアされる直接的な相互依存関係のなかで人びとの社会関係の再建を展望するケアリング理論などとは違って注目される要点は、所有主体が所有対象である身体と能力から分離され、誰もが平等な主体として抽象化されていく疎外された個体のなかに、まさに能力の共同性への展望が開かれるとしている点である。共同体なしでは生存できなかった人間がその共同性を奪われて「私」化し、その「私」が自己保存の性向を認められる個体所有の主体として自立化し、たがいに人間として対等な（資本をもつ者と、労働力以外の生産手段のない者との間でさえ対等な）立場で向き合うことになる。そこに竹内は共同的・関係的存在としての人間の回復の現実的な可能性をみるのである。こうしたヘーゲルとマルクスの弁証法のロジックを駆使した個体所有から共同性への回帰には、しかし、能力論という側面からみたとき、なお不明な点が残されている。

(3) 能力差

能力の差は、能力が産みだす財の差によって計測されるしかなく、その財に私的所有が制度的に認められている以上、能力差も「自然的」な所有差として正当化される。しかも能力とその所有者とは分離して想定されているため、能力差は、所有者が権利主体として平等であるということと矛盾することはない。所有主体の側の不平等な差は、所有対象である能力差に移されることによって、所有者の側にはただ人間として平等であるという同一性のみが残されることになる。竹内は、ジョン・ロックを念頭に置きながら古典近代における「平等思想」の成立について次のように言う。「所有対象の側に、諸個人に属する差異とその可能性のあるもの一切を転移し、所有主体の側には同一性のみが残るようにして、同一性概念をふくまなければ不可能な平等思想を成立させた」と［竹内 2005：162］。

とはいえ、能力の「自然的」差異も、本来関係的にのみ存在する能力とその差異が諸関係から切り離され、個人の所有物として自然化＝物象化されたものにほかならない。誰にどれだけの能力が「備わっている」かは、それの開発に関わった人びとと、それを「役に立つ」能力とみなす環境とに依存しており、それゆえ〃プッシュ・ピン〃の能力などはもはや存在しない。ある能力が「役に立つ」ということは、能力の所有者にその能力に見合う部門への参入を認め、そのなかで生きがいと自己充足を追求する機会を与えるということであるばかりか、そこでの貢献に応じて、社会全体が産み出す財を分配していくということでもある。要するに、能力のある者だけがよい学校に入学でき、よい就職口にもありつき、充実した生活を満喫でき、高収入を得る、という日常的光景を当然視していくのが能力（差）の個体所有観であり、これによって、能力は関係的にのみ存在するという事実が隠されていく。大庭 健は能力のこの物象化について次のように言う。「近代的な物象化によって、『貢献』を語るときの『能力／障害』がシステムによる変換の所産である、ということが背景に斥けられ、私が『能力』を『所有していた／いなかった』ところから始まる言説が自然に響くようになった」と［大庭 2004：245］。差異をふくんだ能力の個体所有を「自然的」とみなし、そこから教育のあり方を語っていく言説、すなわち「能力に応ずる教育」言説は、教育の方法論としてはともかく、教育の分配論として致命的な欠陥をふくんでいる。それだからこそ、能力を開発するという教育課題は、なによりも教育の分配論のなかに位置づけて追求される必要があるのである。前述のように、ロールズは能力については所有問題は生じないとしたが、分配問題からすると、そのように言い切ることの問題性がまず意識されなければならない。

2　能力の所有とその帰属

(1)　能力の取得

共同体主義者マイケル・サンデルは、ロールズの「共同資産としての能力」論を批判的に検討していくさい、自由尊重主義者ロバート・ノージックの「自己所有」論を対極に置き、それとの対質を試みている。ノージックが引き合いに出されたのはほかでもない。ロールズは、個人のみならず、個人を超える「社会的連合」という共同体をも、所有の主体として想定していたが、ノージックはそれにたいして、個人以外に所有の主体は考えられない、いや考えるべきではないという立場を堅持していたからである。

ノージックは、主体間（言い換えれば個人間）での財の移動に手続き上不正が認められなければ、取得された財は取得者本人の所有（本人だけの所有）に帰するとする「自己所有」（self-ownership）論の擁護者としてつとに知られている[2]。一般に財は贈与により得られるもののほかは、労働の対価として取得されるか、あるいは適正な交換比率にもとづく売買によって取得される。取得された財にたいして、人が正当な所有権と処分権を主張できるのは、取得の手続きが正当なものであったからである。この正当化された権利のことを、ノージックはある種の不可侵の排他的権利という意味を込めて「権原」（entitlement）と呼んでいる。権原理論の立場からすれば、たとえ「福祉税」などの名目であろうと、人びとの所得の一部を割いて弱者に再分配していくような厚生主義の政策は、社会全体の保安上必要とされるものを除けば正当とは認められない。国家・政府による弱者への財の還流は、個人からの財の収奪、ないしは個人への奴隷労働の強制に等しい、とさえノージックはみなした。たとえ一日八時間の労働のうちの〇・五時間分であっても、その時間の労働が他者に再分配される財の産出のためのものであれば、奴隷労働に当たるからである。

ノージックの自己所有論が、ジョン・ロックの所有（property）論を拠りどころにしていることはよく知られている。ロックは財の所有の正当性を、財を産み出す労働に、とりわけその労働の担い手に、さらに身体の個有性（property）に帰着させた。この身体は誰のものでもなくわたしのものだ、という自明の個有性から、身体が産み出す財の所有権を正当化したのである。能力も身体に宿っているとすれば、能力は身体の所有者から分離不可能で、当人以外の誰も行使することができない。それゆえ、能力から産み出される財にたいして所有権を主張できるのも、能力の当の保持者だけだということになる。

ロックの所有論は財を産み出す当人に所有権を帰するものであったが、ノージックの自己所有論は、さらに財の取得の手続きの正当性によって、所有そのものの正当化を図るものである。つまり、取得のされ方に問題がなければ、取得者は財にたいする所有権を「権原」として主張できる。能力が産み出す財についても、同様に能力の保持者に所有権は帰せられることになるが、それではさらに遡って、能力それ自体の取得についてはどうであろうか。

能力の取得――ロールズの見方に従えば能力の「自然による分配」――についても、取得にいたる手続きに問題はないと言えるであろうか。例えばある人に特異な才能が生まれついていることは、手続き上正当な取得と言えるのであろうか。また、当人の努力ばかりでなく、たまたま生まれ落ちた周囲の環境によっても開発される能力は、その人の正当な取得物と言えるであろうか。

もとよりノージックの側からすれば、能力は取得の対象（つまり「財」）とはみなされないであろうから、親から遺贈された財が課税対象となるようには、能力についてそれの先行取得が問題になることはない。能力は人の持ち物ではなく、人の自己同一性そのものであり、能力の差異は人の独自性の指標でもある、とされよう。能力は、本人の努力によって習得したものも、生得的に生まれついたものも、当人のその人らしさの構成要素とみなされる。つまり、能力の取得は所有以前の問題である。

とはいえ、能力が人びとに不平等に生まれついているということ、そして能力の開発も不平等な条件下でなされるということが、何ら補正を要しないことかどうかは問題になり得るし、誰が補正すべきかという方向に問題を延長すれば、社会のあり方に関わる問題にも到る。周知のように、ルソーは人びとの間の自然的な不平等、例えば男女間の性役割や身体的能力の不平等それ自体よりも、それらが社会的な不平等として正当化され、固定化されていくことを問題にした［ルソー 1755（1933）］が、ロールズもまた能力問題を社会問題として展開していっている。ロールズは、特異な才能が生まれついた者が産み出す財は、そうではない者に恩恵がもたらされるものでなければならないとし、そうした互恵的関係のもとでのみ財はそれを産み出した才能の保持者のものとみなされる、とした。ロールズからすれば、能力はそれが生まれついた者だけのものではなく、誰にどのような能力が生まれついているかの差異と分布は社会の共同資産でもあるのである。

(2) 社会的協働関係

こうしたロールズの「共同資産としての能力」論にたいして、サンデルは次の点に主眼を置いて批判していく。そしてそれは、ロールズの権利論の発想、つまり一人ひとりの個人の権利は全体としての社会の福利の名のもとでも凌駕することができないとする、ロールズの権利論の発想の自家撞着を衝くものであった。すなわち、仮に個人の恵まれた才能とそれを開花させる環境が恣意的・偶然的なものであり、したがってそこから得られる便益も当人だけに帰せられるものではないとしても、だからといってそれを社会の共同所有としたり、それを産み出す能力を社会の共同資産としたりしていく必然性はどこにもない、とサンデルは指摘する。サンデルは半ばジョークを交えてこう言う。「この資産を、個人の所有者であろうと、社会の所有者であろうと、まえもって何らかの所有者のものにしておくというようなことをしないで、それをただ、自由に漂う資産（free-floating assets）のようなものとみなしておくことも、できないわけではないのになぜそうしないのか」と［Sandel 1982：96　傍点は原文］。個人の所有とはみなされない、だから社会の所有なのだ、ということになる必然性はどこにもないというのである。

サンデルからすれば、社会を「共同資産としての能力」の所有主体と見立てていくと、かえって大きな問題が露呈してしまう。それは、個人は全体としての社会が保有する資産の「保管者」(guardian)に変えられてしまい、個人は社会の目的に奉仕する手段になってしまうのではないかという問題であり、権利論の発想を裏切るこうした難点がロールズの議論には伏在している、とサンデルはみている。能力を社会の共同資産と見立てていくと、個人は、たまたま授けられた能力の保管庫、しかも一時的な保管庫に過ぎなくなる。すべての個人は何の属性も負荷されない容器そのものなのだ、というグロテスクな人格観さえ浮かび上がってしまう。

しかしながら、そうした難点を抱えながらも、社会を能力の共同資産の所有者と定めておくことは、恣意的・偶然的に授けられた能力を用いて自分だけの便益を増していく人がいるよりもましだ、という見方も依然として成り立つかもしれない。平等主義の立場を採る者はそうみるかもしれない。仮にそうした見方をしていくとすれば、なおのことその前提として、全体としての社会を自己利益の追求の場としてではなく、互恵的な協働関係で結ばれる共同体として想定していくことが必要になる。事実ロールズは、すでにみたように『正義論』の終結近くで、個人の個性的な生の充実が真になされるのは、人びとの間に「社会的連合」が成り立っているときであると指摘していたが、さらに『公正としての正義　再説』では、公正な社会が成り立つ前提として、言い換えれば正義の原理が支配する社会が成り立つ前提として、人びとは協働関係になければならないとくりかえし強調している。その協働関係とは、もっとも恵まれない人びとの利益の最大化が、恵まれた人びとの便益を損なわない範囲内で保障されるような、恵まれた者とそうではない者との共存・共栄の均衡関係を指している。仮に恵まれた人びとの便益を損なうような分配比率を設定すれば、財の産出意欲が落ち、もっとも恵まれない人びとへの分配も低下してしまう。それゆえ、つねに均衡点が求められなければならないのである。そうした協働関係をつくり出し、支えていくために市民的徳性の涵養を要請するようになった結果として、ロールズの立場は一段と共同体主義のそれに接近してきている。

3　徳と共同体の再建

(1)　機会論から所有論へ

ロールズは、何にも代替できない個人の独自性と、個人の自律した選択意思を重視する立場、それゆえ〝あるべき〟人間像を想定してなされる国家・政府による卓越主義的介入に限界付けをしていく立場を同定することから、『正義論』を書き出した。それは正統な「リベラリズムの立場」と呼ばれてよい。この初発の立場からすれば、人びとの協働関係、特に恵まれた人（とその階層）と恵まれていない人（とその階層）との協働関係を前提に措定していくことは、論点を先取りした議論ともみられかねない。

しかし、二一世紀になって今何が問題かと言えば、それは、

①共同体の自己統治への参加を促すなどの方策により、特定の道徳的資質を積極的に涵養していくことを国家・政府の責務として要請していくか、それとも、

②参加の機会を人びとに平等に開いておく配慮は講じつつも、国家・政府はあくまでも特定の価値観の涵養には関与せず、中立的な平等施策の遂行だけに役割を止めておくべきか、

という択一的な選択の枠組み自体が崩れてきていることである。共同体主義のサンデルは、言うまでもなく前者①の立場に与している。しかし、リベラリズムの立場のロールズもまた、前述のように、かつての後者②の選択肢から前者①の選択肢にシフトしてきている節がある。人びとに参加への機会を平等に保障するという「機会」論から、人びとは共通の財としてどのような資質をもつべきかという「所有」論へと、議論の重心が移動してい

る。サンデルばかりでなくロールズもまた、人びとが協働関係で結ばれていることが、人びとの道徳性を育てていく不可欠の形成的条件であることを認めるようになってきているのである。

そうした協働関係の必要性は、一九九〇年代以降いちだんと強く意識されるようになってきているが、それはこの時期以降、経済的な豊かさにおいて階層差が拡大し、社会が「格差社会」になってしまったことと関連がある。この階層間の格差を、リベラリズムの立場を採る者は公平性の観点から、すなわち、形式面ではすべての人に開かれている社会参加の機会が、経済的な基盤のない人には実質的には保障されておらず、善き生を実現していく機会が閉ざされている、という公平性の観点から問題にしていく。それにたいして、階層間の格差拡大を、人びとの間から共同意識を失わせていくものとして受け止めていくもう一つの立場がある。それを共同体主義者が「共同体主義」と呼んでいる[Sandel 1996 : chap. 1.]。もっとも、サンデル自身は自分の立場が「共同体主義」のなかに括られることを認めてはおらず、むしろ「リベラリズム」のなかに位置づけられることを願っている。サンデルからすれば、リパブリカニズムこそがアメリカのリベラリズムの伝統を正しく継承するものであった。

(2)　リパブリカニズムと「形成の政治」

サンデルは、ロールズのリベラリズムの立場を、自由な選択意思を尊重するあまり、個人が選択する価値や目的の〝あるべきすがた〟には踏み込むことを避け、もっぱら手続き的な中立性のみを強調する立場だとして特徴づけている。そのリベラリズムは、二〇世紀のはじめから一九七〇、八〇年代までアメリカの主流の政治哲学となってきたが、こんにちリベラリズムは「公共哲学」として失効してきており、それに代わって、アメリカの伝統的な「公共哲学」としてのリパブリカニズムが復興してきている、としている。この入れ替わりを促したのは、いっさいの社会的属性を洗い流された中性的な負荷なき権利主体ではなく、市民としての義務を担い、共同生活に積極的に参加していく「徳」（virtue）と「人格」（character）をそなえた主体の意図的な形成が必要になってきたからである。これまで、主体形成のそうした「形成のプロジェクト」（formative project）を忌避してきたところに、リベラリズムが一九九〇年代以降立ち行かなくなった根本的な原因がある、とサンデルは洞察するのである。サンデルの洞察を引用によって示そう。

「リパブリカニズムの理論にとって中心的な理念は何かと言えば、それは、自由が存在するかどうかは、人びとの間に自己統治（self-government）が共有されているかどうかしだいである、ということである。この理念は、それ自体リベラリズムの自由の理念と両立できないことはない。政治への参加は、人びとが自分の目的を追求するために選ぶ様々なやり方の一つなのだから。しかしながら、リパブリカニズムの政治理論に従えば、自己統治への関与ということには、それ以上のものがふくまれている。それは、市民に共通善（common good）についてじっくり考えさせ、政治的共同体の命運を思い描かせるように、支援していくということである。しかし、共通善についてじっくり考えさせるには、自分の目的を選んだり、他者が同じように目的を選んでいく権利を尊重したりしていく能力以上のものが必要となる。そのためには、公事についての知識が必要であり、また所属意識や、全体にたいする関心や、運命を共にする共同体とのつながりなどが必要である。それゆえ、自己統治への関与は、市民が一定の人格的な資質（qualities of character）、ないしは市民的な徳（civic virtues）を所有するか、獲得するようになることが必要である。とはいえ、リパブリカニズムの政治は、市民が所持する価値と目的にたいして中立的ではあり得ない、ということである。リベラリズムの自由の観念とは違って、リパブリカニズムの自由の観念は、形成の政治（formative politics）

を、すなわち、自己統治に不可欠な人格的資質を市民のなかに涵養していくような政治を、必要としているのである。」[Sandel 1996：5f. 傍点引用者]

リベラリズムと同様に自由を枢要な価値としながらも、自由であるかどうかは個人の選択意思がどれだけ保障されているかどうかで判断されることではなく、人びとの間に、自分たちのことは自分たちで決めるという「自己統治」の意識が共有されていること、そしてそうした「自己統治」に不可欠な徳の涵養を促す「形成の政治」がなされていること、そこにリパブリカニズムの本質をサンデルはみている。リパブリカニズムの「形成の政治」は、恵まれない人びとにたいする福祉の給付よりも、社会への参加、とりわけ貧困層の青少年に職を得る機会を拡大し、労働への参加を促すことによって実現されていく。そうした社会共同体への責任の分有に「人格形成的な効果」(character-forming effects) を認めることについて、リベラリズムの立場の者もしだいに抵抗を感じなくなっている、とサンデルはみている[Sandel 1996：327]。

サンデルはアメリカのコモン・スクールの伝統についても、次のように言う。「コモン・スクールは、その財政的裏づけにのみ公共的性格があったわけではなく、その教育的効果にも公共的性格はあったのである。少なくとも理想的に言えば、コモン・スクールはあらゆる階層・階級の子どもが混じり合い、民主主義的なシティズンシップの習慣を学ぶ場所であった。」[Sandel 1996：332] それだけに、近年経済的に余裕のある階層の人びとの間に公立学校離れがみられることは、たとえかれらが公立学校の維持に応分の財政負担をしているとしても、問題がないわけではない。サンデルにとって、問題は誰が負担すべきかという財政面だけにあるのではない。たとえ、公立学校に自分の子どもを入れていない人をふくめてすべての人に維持負担が平等に課せられていても、それだけでは公共的性格が保たれていることにはならない。同じ教育機関を利用し合い、同じ教育機関を支え合うことこそがサンデルにとっては重要なのである。公共圏の運営に関わる責任の共有の拒否など、「公共的で道徳的な判断からの逃亡」（flight from public and moral judgment）［Sandel 1996：327］が富裕層の間で広まり、教育以外のさまざまな事業・設備・機関について、公共依存から私的購入への私事化傾向が強まっているということは、「アメリカ人の生きかたの形成的かつ市民的資源」（formative, civic resources of American life）［Sandel 1996：332］の減退という意味で危機なのである。社会の富裕層を中心に教育の私事化が進むなかで、コモン・スクールの公共的性格を守ろうとし、教育資源の公的な供給のメリットを強調する理由を、サンデルは次のように述べている。「［正統派リベラリズムよりも］もっと市民的精神に充ちたリベラリズムの立場からすれば、分配的正義ということのためではなく、社会の一員であるという意識を確固としたものにして、富める者にも貧しい者にも市民としてのアイデンティティを形成していくためにこそ、共同供給（communal provision）を求めていくであろう」と［Sandel 1996：333］。教育資源をはじめ公共財の共同供給を支える人間的資質が人格と徳であり、またそこから帰結する人間的資質が人格と徳なのである。教育財の共同供給と共同享受は、社会の階層間分割を避け、社会が共同体として存続し続けていくための源として位置づけられている。

4　危機にあるコミュニティ

(1)　コモンズの悲劇

教育の私的購入が社会のトレンドとなるなかで、コモン・スクールをはじめ「コモンなるもの」の役割は明らかに変わってきている。それは私的利益と競合しない形で、いや、というよりも私的利益を温存させるために必要なもの、いわば〝遊水地〟となりつつある。よく知られたガレット・ハーディンの「コモンズの悲劇」の再解釈をしていこう。

「コモンズの悲劇」の大要を、経済学者の間宮陽介は以下のように分かり易く例解している。——一万頭の牛が放牧されている共有地で、牛一〇頭を所有するAが仮にもう一頭共有地に入れたとすれば、その一頭分の牧草の減少にともなう損失は一万頭の牛の飼い主全員で被ることになるから、A本人の損失はたかが知れている。つまり、牧草の増減が肉量の増減にそのまま反映すると単純に考えれば、Aの元の一〇頭分の肉量は合わせて一万分の十の減少に止まる。一方、新しい牛を共有地に入れたことにより、Aにはまるまる一頭分の肉量の増収が見込まれる。Aは共有地の存在によって利益を得たのである。

だが、それはAだけがただ乗り（フリーライド）していたときのことであって、同じことをAだけでなくB、C、D……がやりだしたら事情は違ってくる。そのときには、飼い主が全員で負担するコストはしだいに嵩《かさ》んでいき、やがて誰も共有地の存在から利益を得ることができなくなる。そればかりか、すべての牛が食餌不足で脆弱になり、買い手がつかなくなってしまう。共有地は、もはや放牧地として意味を成さなくなるのである［間宮2001：108-110］。

(2)「ゴミ捨て場としてのコモンズ」

それでは、「悲劇」を未然に防ぐには、どのような方策が考えられるであろうか。

真っ先に思い浮かぶのは、技術的な方策であろう。つまり、放牧される牛の増加に耐えられるだけの牧草の増量を図るため、植物学、育種学を動員して牧草の改良に努めることである。これは、共有地の拡張が見込めないという絶対的な制約下で全体の増収を目指すためまず試みられる方策であろうが、当然のことながら、技術的な方策には技術的な制限がともなう。だいいち、無制限な放牧にはそれは対応できない。

そこで次に考えられるのは、技術的というより制度的な方策である。つまり、放牧が許される飼主の資格を制限し、放牧できる牛の頭数を割り当てて、無制限の放牧を規制することである。資格の認定には租税の負担額が参照されることになるであろうが、それだけではなく、規制に実効性をもたせるため、放牧地への入り口管理も厳重にされることになるであろう。しかも、その管理権限はA、B、C……などの飼い主の一人に委譲するわけにはいかないので、〃管理組合〃などが設けられることになる。こうした公的規制は、共有地の保存にはたしかに有効であろうが、肉の生産量を現状維持に押し止めるばかりでなく、〃管理組合〃の維持のため余分のコストを飼主に強いることにもなる。

そうした不要なコストをカットすると同時に、それぞれの飼い主の増収意欲を解放するため、規制に頼らない方策が次に考えられる。それがプライヴァタイゼイション（私的所有化）である。これは共有地全体を飼い主の間で分割し、それぞれの敷地内での放牧を排他的に許すという方策である。このようにすれば、牧草の管理と放牧する牛の頭数を規制する〃管理組合〃のような余剰の機関を設ける必要もなく、すべてがそれぞれの飼い主の判断に委ねられる。それぞれの敷地の排他的な利用を所有者に認めていけば、もはやただ乗りする余地はなくなる。仮に一人だけ得をしようとして敷地内に大量の牛を放牧しても、自分の資源が枯渇するだけで、その責任を他の飼い主に負わせることはできないから、共有地が存在していたとき以上に飼い主は牧草の管理に慎重にならざるを得ない。それがプライヴァタイゼイションの効果である。

共有地を分割して私有地化することは、経済効率を高める上でたしかに有効である。それは公的機関を維持するための分担を不要にし、飼い主はそれぞれ、自分の敷地の改良だけに専念すればよくなる。敷地内ではそれですべてが順調にいくように思われる。しかし、細分化された私有地内での放牧は、もはや「放牧」の意味をなさなくなり、限りなく「ブロイラー化」に近づいている。その結果として、肉「量」の向上には結び付くとしても、肉「質」の低下をも招きかねない。肉質の低下は、消費者の嗜好の変化を受け易く、経営面からみてもリスキーである。

共有地の「悲劇」を回避する戦略として採られてきたのが、「利用（共同利用）」を「所有（個人所有）」に切り替えるということである。プライヴァタイゼイションの方略によって、問題それ自体を消去してしまおうということである。しかし、これによってすべての問題が解消するわけではなく、むしろ新たな問題も発生してくる。共有地の私有地化は、各自の私有地を超えた問題の発生には対処できない。例えば、飼い主Pが散布した除草剤が他の敷地に漏れだし、敷地が隣接する飼い主Q、R、S……にも被害を与えたという場合、それはPの肉量の向上によっては正当化できない。論文「コモンズの悲劇」の著者ハーディンの趣旨も、私有地化により引き起こされる環境汚染への取り組みにあった。その後の論争も、経済・市場問題と環境問題との関連について起こっている［Feeny 1990］。

コモンズは、放牧のための共有地がそうであるように、そこから人びとがそれぞれの利益を得る空間としてというよりも、現代ではむしろ、人びとがおたがいの間で処理できない汚物や矛盾を投げ捨てる場所として、利用されてきている。この「ゴミ捨て場としてのコモンズ」（commons as a cesspool）は、ハーディンによれば、「人びとがただ、たがいに独立した合理的な自由企業家（independent, rational, free-enterprisers）としてふるまう」ことの当然の帰結である［Hardin 1968 : 1245］。ゴミ捨て場は、社会の必要悪である。充分にメンテナンスの行き届いた施設のなかで管理されるならば問題も出ないが、施設から汚物や矛盾が漏れだし、投棄者のもとにそれが返ってくるに及んで、問題は表面化する。川や空をゴミ捨て場として使うことはこの点ですでに問題となっているが、都市部の公立学校も、その利用価値は共同の放牧場としてよりも、私的利益が侵されないためのゴミ捨て場としてみられてきている。つまり、文化資本などの私的所有の世代間での受け渡しを確保するため、人びと、とりわけ自分の子どもを公立学校に行かせるつもりがない階層の人びとは、公立学校の運営財源を分担することで償ってきている。公立学校、つまりコモン・スクールは、すべての者が生活を共にする「徳の形成」の場から変質しようとしている。

註

（1）竹内は、〈「障害者」である人〉という見方に代えて〈「障害」をもつ人〉という見方をすべきだとして、その理由を次のように述べている。「人間存在と『障害』および『障害』ゆえの能力『不全』とを分離的に関係させることによって、一方で『障害』に関するいっさいを人間存在の平等性の否定の根拠にすることに反対するためであり、他方で人間存在の平等性を抽象させず、個人に固着したものとしての『障害』ゆえの能力『不全』という不可避の事柄を踏まえて、人間存在の平等性を具体的に擁護するためである」と［竹内 2005：149f.］。

（2）第五章「権原理論と自然資産としての能力」参照。

第五章　権原理論と自然資産としての能力

1　教育の権原論

(1) 国家なき分配論

共同体主義者マイケル・ウォルツァーは、人びとの共同体のことを「分配的共同体」(distributive community)とも呼んでいる[Walzer 1983 : 3]。このように呼んだのは、共同体にはそれぞれ独自の財の分配方式があって、共同体が時間を超えて同一性を保っているのもそのためである、とみていたからである。[1] 一方、ロバート・ノージックの権原理論からすると、資源の分配を取り仕切る「中央分配」機構なるものは、わたしたちの社会には存在しない。というより、人びとの利害を超えた中立的な分配機構が実在すると想定し、それを「国家」と呼ぶとすると、新たに問題が発生してしまう。それは、わたしたちの権原(entitlement)に属するものが「国家」の名のもとで合法的に侵されるおそれがある、という問題である[Nozick 1974 : 149]。自己所有にたいして個人は、単なる権利以上の排他的な権原を有しており、それは国家といえども侵すことができないものである。このようにノージックが個人の「権原」としたものを、後述するように、分析的マルクス主義者ジェラルド・A・コーエンは「自己所有権」（self-ownership）と言い換え、ノージックの権原理論は自己所有を正当化する「自己所有権のテーゼ」（thesis of self-ownership）にほかならないとしている。

権原理論の観点からすれば、人びとの間に分配されるべき社会の資源にたいして、独占的に権原を有する人は誰もいない。そういう〝族長〟の代行をするような機構を、国家に期待することはできないし、その必要もない。人びとはただ、たがいに自分自身の財、すなわち正当な獲得と正当な移転により取得した自分の保有財に権原を有するのみである。「正当な獲得」とは、誰によっても所有されていない無主物の獲得、しかもそれが専有されることで他の誰にも損害を与えることのない天賦物の獲得を意味し、「正当な移転」とは、略取などの不法な仕方ではなく、合意にもとづく取引や自発的贈与などによる財の移転を意味している。取得された財に多い／少ないの分散ないし格差が人びとの間にみられるとしても、そうした「全体の結果は多くの個人の決断の産物であり、その決断は関わった様々な個人が資格をもってしたこと」[Nozick 1974：150] であるから、個々の決断がそれぞれ正当な獲得と移転の手続きに則ってなされている以上、全体の結果も正当なものとみなされる。そうした基礎的な審級となる二つの手続きのことを、ノージックは「獲得（acquisition）の正義」、「移転（transfer）の正義」と呼んでいる [Nozick 1974：150]。人びとがこれらの正義に従って財を取得していくならば、「中央分配」機構、すなわち国家による再分配は必要とされない。

こうしたノージックの論証を敷衍すれば、生まれによる能力の取得は完璧に獲得の正義に合致していることになる。というのは、それは誰によっても保有されていない無主物の獲得であり、しかも、それを人より多く専有することで他の誰かに実害を与えることのない天賦物の獲得であるからである。自然によって各個人に与えられる財、つまり自然資産（natural asset）としての能力は、獲得の正義によって正当化されており、この能力の配分（allocation）には「中央分配」機構が関与する余地はまったくない。既述のように、ロールズは自然資産としての能力の恣意性と偶然性を強調し、リベラルな分配方式により、能力の差異に由来する格差を補正しようとした。それにたいしてノージックは、自然資産の不可侵性、言い換えれば自己所有の権原化から議論を出発していく。時を同じくして生まれたAとBに配分された能力は、たとえそこに格差につながる差異がみられるとしても、それらはたがいに干渉し合う関係にはなく、それぞれの配分量は独立係数である。それゆえそれぞれの能力はそれぞれの人の権原に属し、たがいに不可侵の関係にあるとみなされる。

　とはいっても、能力は実際に開発されてはじめて真価が発揮される潜在能力であり、能力の顕在化は生まれ落ちた家庭をふくむ周囲の環境に依存するところが大きい。この能力開発に関わる教育機会とそれを実質化する教育財源の分配（distribution）に、これまで国家は「中央分配」機構として重い役割を果たし、強い権限を有してきた。今なおそれは既成事実として受け止められ、各地方への権限移譲と税財源移譲の方が地域格差の拡大につながる政策としてむしろ警戒されている。特に、義務教育の機会平等を維持・確保するため、国家が担うべき責任が改めて問われているのがこんにちの状況である。それだけに、国家が今後とも平等な教育機会の「中央分配」機構として期待されていく現実的な基盤は今なお変わっていない。

　前述のように、ノージックは国家のような「中央分配」機構は不要かつ有害だとする論証を繰りひろげた。それは、実際にはあり得ない反事実的な仮定の上に展開された論証である。仮想の論証ではあるが、それは教育財の分配について考察していくさい、ある種のレリヴァンスとリアリティを有している。というのは、「教育の分配」を既定の国家の分配システムの枠内で事実的に考えていくだけでは充分ではなく、分配に権限を有する主体はいったい誰か、といった正当化問題にまで遡って根元的に考えていく必要が、現にあるからである。そうした考察の必要は、こんにち緊急性をおびている。というのは、これまで中央集権的な教育行財政に反対し、地方の自主財源と学校の自律的運営を要求してきた論者が、義務教育費国庫負担制度の廃止に関しては、一転して国家による規制と分配の存続を擁護する側に回ることも少なくなく、「教育の分配」に関する理論的根拠の一貫性のなさが晒し出されているからである。教育の機会とその資源は、いったい誰によって、どのように分配されるのが正当なのであろうか。そのさい国家にも権限が賦与されるとすれば、どのような根拠によってであろうか。いや、国家なき教育の分配論は成り立つのか、といった議論が、今必要とされているのであるが、それの全面的な展開にはなお困難な理論的課題が待ち受けている。

(2)　「教育の権利」論と、「教育の権原」論

だいいち現代では、非排除性と非競合性で特徴づけられるいわゆる公共財を除けば、すべての財はすでに誰かの所有に帰しており、ノージックが言うように、「事物は、それらにたいして権原をもつ人びとにすでに帰属するものとしてこの世界に現れる」[Nozick 1974 : 160]。それゆえ、人の権原を侵すことなしに資源の再分配を図ることはできない。少なくとも、分配論は分配すべき原資を誰から・どのように調達するかという産出論、ないしは誰に・どれだけコストを負担させるかという分担論を抜きには、全面展開することができないはずである。この原資の調達に関わる議論をふくむことなく、「教育を受ける権利」からストレートに展開されるのが権利論であり、保障論である。ノージックがくりかえし指摘するのは、この原資の産出論とコストの分担論が抜け落ちたまま権利の保障論が先行しているため、分配論の困難がこれまでよくみえてこなかった点である。「権原理論の観点からするなら、実際に再分配は現にそうであるように人びとの権利の侵害に関与してしまい、深刻な問題」[Nozick 1974 : 168] を孕んでいるはずである。その問題の深刻さが充分に受け止められないまま、分配と

再分配が「正義」や「権利」の名で語り出されている。かりそめにもこうした権利の保障論が成り立ってきたのは、中立的な「中央分配」機構が存在する／存在すべきだという前提が、暗に想定されていたからに過ぎない。その想定をはずしてしまえば、原資の産出論と分配論に戻って議論を立て直すほかない。

ノージックからすれば、正義は分配と再分配によって格差が是正される究極点において実現される理念的価値ではない。それは、財の獲得と移転の手続きを規制する現実的な規範的価値である。しかも、分配の正義がそうであるように、獲得と移転の正義もまた道徳的な意味をもつ価値である。言い換えれば、それはどのような名目であろうと、何かのための手段となることが許されないそれ自体の価値である。ノージックの権原理論からすれば、「弱者への福祉」などの名目で再分配策を推進する「拡張国家」は、この道徳的価値を正当に尊重していないという点で批難されなければならない。

ここでノージックの権原理論を援用して、「教育の権利」論と「教育の権原」論とを対照的に定式化しておくことは意義があるであろう。権利（right）としての教育を主張する「教育の権利」論は、教育を受けることを人としての権利の一部と位置づけ、それの不充足（があればそれ）にたいする補償と、（すべての人にたいする）教育機会の平等な保障を、社会に要求していく。つまり、「教育の権利」論は教育の供給者にたいする当然の権利請求をふくむ議論である。それにたいして、権原（entitlement）としての教育を主張する「教育の権原」論は、教育の供給者（の権能）にたいする制約原理――ノージックの表現で言えば、そういうことはやってはならないという道徳的な意味での「付随制約」（side-constraint）――に関わる議論である。特に、「権利」の名での教育補償と平等な機会請求に応えるため、個人の自己所有に属する財が再分配の原資に回されていくことにたいして、（そういうことはやってはならないという）制約原理を示していくのが「教育の権原」論である。「教育の権原」論からすれば、「教育の権利」論は、そこから論を出発させる権利としての教育がなぜ「権利」と言えるかにまで遡及することがない。教育を受ける権利は人権の一部として端的に措定されているだけで、人びとの権利と権利が侵食し合う相克は想定外であり、教育資源はもっぱら公共財、つまり公園の飲み水のようにどれだけ使っても誰にも損害を与えることのない公共財と想定されている。

しかし、仮に教育資源は公共財であるとしても、国家だけがそれの正当な供給者・分配者として資格づけられているわけではない。教育に関わる権原は何よりまず個人に属し、国民などといった利害の内部対立を超絶した集合名詞的実体に属しているわけではなく、個人間の権利の相克は不可避であり、だからこそ誰の権利請求こそが優先されるべきかという道徳的審級に訴えざるを得ない。国家による利害中立的な分配機構を想定することなく、教育資源の有効な分配方式を根元的に考察していくのが「教育の権原」論である。

2　自己努力と選択意思

(1)　原資の調達

前述のように、ノージックは人びとが保有する財に権原を賦与するものとして獲得の正義と移転の正義の二原理を挙げたが、もう一つ、人びとの間にみられる保有財の不均等を是正するものとして、「調整の原理」（principle of rectification）もまた挙げている。それも一種の分配の正義には違いないが、ロールズがかれの正義の二原理の基底に置いた分配の正義とは同じ趣旨の原理ではない。というのは、分配（と再分配）の原資に何を算入するか、言い換えれば誰にコストを負担させるかについて、ロールズとは明らかに異なる見地に立っているからである。ノージックによれば、分配の原資の調達源として次の二つが考えられるが、ロールズにはこの区別が自覚されていない［Nozick 1974 : 183f.］。

（1）人びとが協働して産出する社会の財の総量（T）を、分配の対象に算入する。

（2）Tから、人びとが協働しない場合にそれぞれ自己努力で産出する財（s）の総量（S）を控除したもの（TマイナスS）だけ、つまり協働による増加分だけを分配の対象に算入する。

（2）の考え方に立てば、少なくともそれぞれの人の権原に属する自己所有財（s）とその総量（S）には手が付けられていないから、自己所有権が侵されたことにはならない。協働により余剰に産出された財（TマイナスS）のみが分配の原資になるだけである。一方（1）の考え方に立つと、自己所有権に属する財までもが分配に回される可能性がある。そこで問題は、自己努力（own effort）によって産出される財と、社会的協働（social cooperation）によって産出される財との関係をどうみるかということ、具体的に言えば、両者を区別可能とみるかどうかということである。

ノージックによれば、ロールズは（1）の見方から（2）の見方を区別することはなく、無自覚のうちに（1）の見方に立って分配の原資を想定している。要するに、全員で産出した財であるから、分配のルールについても全員参加で決めなければならない、ということである。そのため、本来自己所有権に属する財までが分配の対象になることに疑いが抱かれることがないが、それは、社会が人びとの協働関係で成り立っていることを当然の前提としているからである。言い換えれば、協働関係にはない純粋に自己努力だけで産出される財、例えば、ノージックが用いる比喩を使えば、孤島のロビンソン・クルーソーの産出財のようなものは稀な事例で、人びとがそれぞれに保有する財は通常社会的協働の産物である、という社会観にロールズははじめから与してしまっている。社会が全体として産出する財は、人びとがそれぞれのポケットに保有する〝ビスケット〟の総和として蓄積されているというよりも、一個の巨大な〝パイ〟として人びとの前に置かれている。それは社会全体で産出した財であり、したがってそれの分配には協働関係が配慮されなければならない、ということになる。

(2) 自己努力と社会的協働

ロールズは、たがいに協働関係にはない人びと——いわば、たがいに行き交うことができない孤島でそれぞれ暮らしているロビンソン・クルーソーたち——の間での財の振り分けを、「配分」(allocation) と呼んでいる。そしてそれが従うべき正義を「配分の正義」(allocative justice) と呼び、「分配の正義」(distributive justice) とは区別している [Rawls 2001 : 50]。配分の正義が指示するのは、それぞれの個人のニーズや欲求や選好を見極めて、その度合いに応じて財を振り分けるとともに、全員の満足度と幸福度の総和が最大になるように調整することである。当然ロールズはこうした功利主義的発想だけでは満足しない。その理由についてロールズはこう述べている。「わたしたちが配分的正義という考えを拒否するのは、公正としての正義を組み立てていく上で基礎となる考え、すなわち、公正な社会の協働システムが時間を超えて存続するという考えと両立しないからである。市民は、それに向かって権利請求していく社会的資源の産出に、協働している (cooperating) からこそ市民とみなされるのである」と [Rawls 2001 : 50]。社会の構成員のモデルは、孤立したクルーソーたちに求められるべきではなく、たがいに協働して社会的資源の産出に関与している市民たちにこそ求められるべきなのである。教育財源などの資源も、社会的協働によって産出されたものとみなされる限り、単に個人のニーズや欲求や選好に応じて配分 (allocate) されるだけでは充分ではなく、各個人の権利請求を社会全体のなかで公正に査定した上で、分配 (distribute) される必要があるのである。そうした公正な分配システムに参加する市民の形成には、互恵性の徳などのシヴィック・ヴァーチューを教え込むこともまた必要とされたのである。(2)

一方ノージックからすると、分配の正義が関わりをもつのはかならずしも協働関係の文脈だけではない。個人の自己努力によって産出された財にこそ、分配の正義は適用されるのであって、協働関係のなかで人びとが産出する財の分配はそれの延長上で考えていけばよい。つまり、獲得と移転の正義によって権原が賦与された個人の財こそが、何よりも分配の正義にかなうものであり、社会が人びとの協働関係のなかで産出した余剰の財についても、それぞれの貢献に応じて分配されるのが正義にかなっている、ということになる。個人の財についても、社会の財についても、自己努力の度合いによって分配が決定され、それが正義（分配の正義）に合致しているとみなされる。社会的協働による産出財について、たしかに各人の貢献を精確に同定するのは困難で、例えば企業家と使用人との間で貢献比率を確定しようとすれば、論者のイデオロギーや立場が関わってしまうことは不可避であろう。しかしそれは、社会的協働関係が分配の正義の導入を必要とする理由にはならない。社会的協働関係は、それ自体が個人間の財の獲得と移転が複合的に組み合わさったものに過ぎない、という要素的な見方をノージックはしていくのである。

このようにノージックは、社会的協働をも人びとの自己努力の組み合わせに還元していく。そして、人びとの間にみられる保有財の不平等性を、「正義の最終結果原理」(end-result principle of justice) によって正当化していく。それは、「分配の正義に合致しているかどうかを判断するさい考慮される必要があるのは、最後に誰に何が帰したかである」[Nozick 1974 : 154] とする正当化原理である。この原理のもとでは、現時点に至るまでにどのような経緯があったかの情報は正義の原理のデータにはなり得ず、Aが一〇を保有し、Bが五を保有している状態と、Aが五を保有し、Bが一〇を保有している状態とは、「構造的に同一の分配」(structurally identical distribution) とみなされる。その反面、仮にAが一〇を保有し、Bが五を保有している状態から、Aが七・五を、Bが七・五を保有する状態になったとすれば、総量は元のままでも分配のパタンが変わっており、もはや「構造的に同一」とはみなされない。Bの側にAと同等量の保有を求める正当な理由があるとすれば、Aが一〇、Bが五という現状を正当化する「正義の最終結果原理」のような非歴史的原理を超える「正義の歴史原理」(historical principle of justice) を導き入れなければならなくなる [Nozick 1974 : 155]。

しかしそのためには、「各人に……に従って分配せよ」といったパタン化された (patterned) 要請をあらかじめ立てておかなければならないが、ノージックからすると、そこに何を代入しようと(例えば道徳的功績、社会的有用性、個人の能力、努力、ニーズなど何を代入しようと)、パタン化された要請を正当化するには、分配を主導するオーヴァーアーティングな目的をあらかじめ立てておかなければならなくなる [Nozick 1974 : 159]。言うまでもなく、そうした設計主義的な社会目的は個人の自由への制約につながるので立てることができない／立てるべきではない、というのがリバータリアニズムの基本的スタンスであるから、どのようなものであっても、パタン化された要請に従って分配する議論は拒否される。自己努力による財の取得でさえも、前述のパタン化された要請に「自己努力」を代入した「各人に自己努力に従って分配せよ」といった要請によって正当化されているわけではなく、ただ獲得と移転の正義によって権原づけられているだけなのである。個人間の保有財の不平等はその結果に他ならない。

(3)　選択意思の原因

社会のなかで産出される財は、それぞれ個人の自己努力による保有財に還元され、社会的協働を通して産出される財も、各人の貢献に応じて分配される。こうした分配システム、すなわち、自己努力による成果を個人の正当な所有に帰する分配システムを、ロールズは「自然的自由のシステム」と呼んでいた[3]。ロールズによると「自然的自由のシステム」のもとでは、同一水準の能力の者には、社会の職務や地位に就く同一の機会が開かれ、同一の社会的成功が見込まれなければならない。これが正義の第二原理の(b)の要請であった。ノージックの「調整の原理」も、この「同一能力に同一機会を」という対応が不当にも成り立っていないところに、限定的に適用される。そうした「形式的な機会平等」を保障するのが「自然的自由のシステム」である。しかしこのシステムのもとでは、それぞれの人に生まれついている能力の差や、能力を行使する環境の差などは考慮されていないばかりか、同一水準の能力を有する人びとの間でも、同一に開かれた機会を首尾よく捉えることができるかどうか（その結果として、社会的成功を収めるかどうか）には個人差があるが、それはすべて自己努力（own effort）の差に帰せられる。こうした「形式的な機会平等」から生みだされる実質的不平等を是正するために、ロールズは「自然的自由のシステム」だけではなく、「リベラルな自由のシステム」をも構想したのであった。「リベラルな自由のシステム」のもとでは、自己努力の差の決定要因、例えば能力を行使しようとする意欲（willings）の決定因にまで遡って平等化が図られる。そしてその決定要因に、「道徳的観点からみて恣意的」（arbitrary from a moral point of view）とみなされる要因、とりわけ生まれ落ちた家庭環境が関わっていることが判明すれば、それらをできるだけ無化する（nullify）措置が講じられなければならない、とされる。それをロールズは「正義」の名で要請したのである。

ノージックもまた、人びとに生まれながらに授けられている能力、つまり「自然資産」（natural assets）としての能力の不平等な初期配分をそのまま正当化してしまう「自然的自由のシステム」にたいし、是正の必要を認めている。しかし、自然資産としての能力をどのように使うかについての個人の選択（choice）についてまで、是正措置を講じることには慎重である。ノージックはロールズの「リベラルな自由のシステム」の構想について、次のように疑問を投げかけている。「人びとが自分自身の自然資産をどのように開発することを選んできた（have chosen）かに、［ロールズが］まったく言及していないことに注意されたい。それがただ無視されているのはなぜなのか。おそらく、それはそうした選択（choices）はその人のコントロールの及ばない外部の諸要素の産物であり、それゆえ『道徳的観点からみて恣意的』であるとみなされているからであろう」［Nozick 1974：214］。人びとが自然資産としての能力をどのような方面に、どれだけ開発していくかは、生まれ落ちた家庭環境に左右されることは充分に考えられるが、この能力開発に向けての個人の選択についても環境による決定要因を探ろうとすると、無限背進に陥り、選択主体から自律性を奪い去ることになる、とノージックはみる。人の選択に外部的な原因を求めて、選択の結果から責任を免れさせるのは、人間としての尊厳を傷つけることになり、人びとのそれぞれの善き生の構想の独自性を擁護するロールズの理論を裏切るものとならないか、とノージックは言うのである［Nozick 1974：214］。

それでは、自然資産として個人個人に授けられる能力は、どこまで個人の自由な選択意思によって発達し・展開し・開発され（develop）ていくのであろうか。

選択意思が関与する度合いは、想定される年齢を幼児の段階から上げていけば、しだいに高まっていくであろう。成人に達すると、能力開発は全面的に個人の選択意思でなされるとみなされ、当人の自発的な学習活動に委ねられるまでになるが、そこに到るまでは、自由な選択意思により能力開発が進められる可能性よりも、周囲の意思への依存により開発が一方的に進められる可能性の方が大きい。ノージックの前述の議論では、幼児・児童などの初期段階は想定されていないが、能力開発が重要な意義をもつのはむしろこの時期である。成人の選択意思自体が初期的開発の成果として成り立つ能力であることを想えば、選択意思の選択的開発といった再帰的関係には現実性に欠ける面がある。要するに、ノージックの議論には発達過程の視点が採り込まれている節がない。そのため、自律的な自由意思の主体である個人に教育的介入がいかにして可能か、といったリベラリズムの教育理論の根本的なジレンマとの対決は端的に回避されている。ノージックは、自身の立場をリベラリズムというよりリバータリアニズムと規定することによって、リベラリズムのジレンマの角の外に身を置いているのである。個人は自己の能力に権原を有する主体として、論理的にも現実的にも、はじめから実在している。

⑷　能力の自己所有

またノージックからすれば、能力は、自己努力で開発されたものだけが、自己所有権に属するわけではない。自然資産として能力は、初期分配されたままの状態で、すでに被分配者の権原に属し、その能力から流れ出た財にも自己所有権が及ぶ。それゆえ、能力の不平等な配分を「道徳的観点からみて恣意的」として平等化に向けての調整策を講じるのは、必要でないばかりか、他者の権原に属するものを再分配に回すおそれがあるので、正当ではない。能力の保有が獲得の正義に合致していると言えるのも、能力については、初期配分そのものが獲得（acquisition）を意味するからである。能力の初期配分という獲得は、他の誰かに実害をもたらすことはなく、獲得の正義に合致している。誰かに高い能力が生まれついていることは、他の誰か（の能力の初期配分）に何ら損失をもたらさない。能力は努力して開発したものだから当人の正当な保有物だ、というわけでもない。生まれついてもっているということだけで、能力はその人の正当な保有物なのである。ノージックは次のように言う。「例えば、人がY（自分が創作した絵画を所持する権利……、等）を得ているのは、その人がYを得る過程で利用したすべてのもの（自然資産をふくむ）を自分で得た（あるいはそれらのものに価する人である）ときだけである、というのは正しくない。その人が利用するもののうちのあるものは、ただもっているというだけでもよい。ただし不正な仕方ではなく」と［Nozick 1974：225　傍点は原文］。

このようにノージックは、初期配分により獲得された自然資産としての能力にたいして、権原、つまり自己所有権をみとめると同時に、たとえそこに人為ではコントロールできない巡り合わせがあるとしても、それはその人の存在そのものと不可分であるとして、能力の偶有性とともに個有性を認める。仮に能力の配分は「道徳的観点からみて恣意的」だとみなして、その初期配分をリベラルな自由の分配システムに従って修正し、平等分配に近づけていくとすれば、人、つまり再分配を受ける人の尊厳を傷つけてしまうことになり、この方こそが道徳的に問題だ、とノージックはみるのである。ノージックは、どの精子が卵子にたどり着くかが恣意的だからといって、何ら道徳的にみて問題となるわけではないとした上で、こう言う。「わたしたちに存在をもたらしたまさにその過程を道徳的に非難するどのような原理についても、またそれゆえわたしたちの存在そのものの正当性を貶めるような原理についても、懸念せざるを得ない」と［Nozick 1974：226］。

こうした権原理論にもとづく能力の初期配分の正当化論を、能力格差の固定化につながるものだと断じるのは容易である。しかしそこには安易に否定しきれない論点もふくまれており、それを盥《たらい》の水と一緒に流してしまってはならないであろう。

3　教育資源の分配原理

(1)　「内在的な目的」／「外在的な目的」

ノージックとともに、初期配分において獲得される能力はその人の権原に属する、言い換えれば能力にたいして人は自己所有権を有する、としても、それはさらにそれぞれの能力に応じて教育資源が分配されること、つまり、高い能力を配分されている人にはより多く教育機会が分配されることを、「権原」の名のもとで社会に請求できるということまでは含意していない。教育資源は社会の構成員が全員で生み出した〝パイ〟である。自然資源としての能力のように、それぞれの人への初期配分が相互に干渉し合うことがない場合とは異なり、教育資源の分配は総量が定まった資源の争奪戦（constant-sum game）であるから、分配のルールについて社会的な合意が欠かせない。仮に能力に応じた比例配分がなされるとしても、そこにはそれを正当化する何らかの原理がなければならないはずである。しかしながら、ノージックは先に触れたように、何らかのパタン化された分配原理をあらかじめ立てておく必要を認めない。一切の財の取得とその結果は、獲得と移転の手続き的正義に合致していれば権原化（自己所有権化）されるのである。

教育資源の獲得についても例外ではなく、どのような人にどれだけの教育資源が分配されるべきかに関して、原則を定めておく必要は認められていない。高い能力を有するから多くの教育資源の分配を請求できる、ということが認められないのと同様に、良好とは言えない環境下に生まれ落ちたから多くの分配を請求できる、ということも認められない。能力主義であろうと、平等主義であろうと、パタン化された分配原理をあらかじめ立てておくことは拒否されるのである。一人ひとりの満足度・幸福度の総和の最大化を価値の基準とする功利主義も、全体の利益に還元されない個人の尊厳を価値とする権利論の立場も、同様である。パタン化された原理に照らし合わせなくても、資源の分配が獲得と移転の手続き的正義に則ってなされていれば、そこには社会的合意が成り立っているとみなされるのである。それには説明が必要とはされない。

パタン化された分配論の典型として、ノージックは、平等であることには説明が不要であっても不平等であることには説明が必要である、としたバーナード・ウィリアムズの分配論を取り上げ、批判していく。ウィリアムズによれば、財の分配原理は、その財を運用する活動の「内在的な目的」（internal goal）によって示唆されている。この見地からすると、医療はそれを受ける必要のある人にこそ分配されるべきである、ということが医療の分配原理である。しかし仮にそうであっても、この原理、つまり必要（ニーズ）という原理に則って財を分配しなければならないのは、医療サーヴィスを実際に提供する医師ではない。医師は「内在的な目的」ならぬ「外在的な目的」——例えば、病院経営の安定化のための高額医療優先や、医師としての名声など——によってそれを任意に提供することがあるし、そのようにしたからといって、その医師の活動がもはや「医療」とは言えなくなるわけではない。財の分配原理として財の「内在的な目的」に言及することは、当事者に職業上のコードを自覚させることにはなるが、当事者の活動をそれ（つまり医療）と特定化する「内在的」な規定には相当しない。いったい、活動をその活動たらしめる内在的な目的なるものがあるのであろうか。これが、ウィリアムズの分配論にたいするノージックの根本的な疑問である。

　ノージックは、財の「内在的な目的」／「外在的な目的」の区分そのものが曖昧であるとして、理髪屋が扱う財、すなわち理容サーヴィスという財の分配を譬えに引いている。ノージックによれば、「内在的な目的」に従って理容サーヴィスを分配しなければならないとすれば、理髪屋は理容サーヴィスを必要としている人にこそその機会を分配しなければならないが、誰がそれを必要とする人なのかの判別は、医療を必要とする人の判別ほどには自明ではないであろう。

(2) 教育財の分配者

　教育という財ないしサーヴィスの場合はどうであろうか。教育という財を提供する教師は、どこまで「内在的な目的」に従って教育を分配することができる／分配しなければならないであろうか。教育を受ける必要がある人の判別の難しさは、おそらく、理容サーヴィスを受ける必要がある人の判別と医療を受ける必要がある人の判別の中間に位置すると思われるが、それよりむしろ重要なのは、教育の分配者が果たして教師なのかという問題である。

　一時間の授業に教師が費やす指導のエネルギーに、絶対量があると仮定してみよう。その場合、どの生徒に・

どれだけ指導エネルギーを割り振るかの判断は、当事者である教師に委ねられている。指導を受ける生徒の状況にもっとも熟知しているのは、当該の教師を措いてほかにいないからである。授業の進行に沿って、適宜どの生徒に指導エネルギーを集中していくかの臨機応変の判断も、教師には許されている。こうした教師の職務は、しかし教育が分配されていることを示す事例としてはふさわしくない。教師は教育の配達者（deliverer）とは言えても、教育の分配者（distributor）とは言えないからである。少なくとも、何らかの分配原理に従って教育という財・サーヴィスを分配しなければならないのは、教師ではない。財の分配者は、あくまでも社会の側である。何らかの分配原理——例えば「必要」——に従って、特定の生徒に優先的に教育資源を振り分けたり、全体として平等な教育機会を保障したり、あるいはまた別の分配原理——例えば「優秀性」——に従ってそれを分配して有用な人材の効率的育成を策定したりしていかなければならない立場にあるのは、社会である。繰り返し強調すれば、教師は社会の教育財の分配者ではない。

それでは、教師には、他の人のものではないまさに自分自身の指導エネルギーにたいして、権原（entitlement）がないのであろうか。もしもそれが、当該の教師によって正当に蓄積（つまり取得）された指導エネルギーであるならば、それの使い方について、教師には排他的な権原が認められてよいはずである。教師は、自分の権原（つまり自己所有権）に属する指導エネルギーを、どこに・どれだけ投入するかについて自己決定ができるはずである。そうは言っても、社会は、例えば平等主義の分配原理に従って、どの階層に属する生徒にも、ミニマムな水準に達成できるだけの教育資源を分配するように、全体的な配慮をする。一人ひとりの教師の指導エネルギーも、この社会全体の教育資源のなかに組み込まれていくほかないのである。

しかし平等な教育機会の保障は、原資の調達、言い換えれば財の移転なしには現実性がない。原資の調達なしに機会の平等化を図ろうとすれば、教育機会に上限を設けて、すべての人の機会を均一に抑えるというシーリング策を採るほかない。こうしたレヴェルダウンの悪平等化策を採らない以上、平等な機会の保障は欠落部分の補塡にならざるを得ず、そのためには余剰の財の調達が不可欠である。それは当然、すでに充分機会が恵まれている人びとからの調達となる。この事態にたいし「教育の権原」論は、そうした補塡用の財の調達が自己所有権の侵害にならないことを証明するように、社会に要求するであろう。というのは、ノージックが言うように、「何かしらを実現するのに、他の人びとが権利と権限をもっている事物と活動を特定の仕方で使用することが必要であるような、そういう何かしらにたいする権利を有する者は誰もいない」[Nozick 1974 : 238] はずだからである。学校の教室場面に当てはめれば、論点は次のように具象化できるかもしれない。すなわち、通塾などの親の自己負担による学校外教育の機会に恵まれているため、学習の進度が速い生徒（A）に〝足踏み〟させて、そうした機会に恵まれない生徒（B）に指導エネルギーを集中的に傾けることが、A（とその親）の自己所有権を侵していないことが証明されなければならないのである。Aが本来享けるべき指導エネルギー（の一部）が、Bの側に振り分けられることになるが、この分配が正義（移転の正義）に合致していることが示されなければならないのである。

(3) 道徳的境界線

前述のように、教師は自分自身の権原に属する指導エネルギーを、教室のなかで臨機応変に使うことができる。Aに自習させておいてBの個別指導に当たることも、AにBとの協同学習をさせることもできる。教師による指導エネルギーの行使は、それなりの見通しと計画にもとづいてなされているはずであり、その限り目的論的に正当化されよう。しかし、社会がこうした教育資源の分配の仕方を是認し、指示するときには、単に教師の善意の見通しを引き合いに出すだけでは正当化されない。協同学習はAのような生徒にも好ましい効果をもたらすであろう、という見通しだけでは正当化されない。本来享けられるはずの指導の機会が差し引かれてしまうAのような生徒とその親たちに、自発的な合意を得ておくには、それだけでは充分ではないからである。そうした自発的合意にもとづく正当化を図る説明責任が、少なくとも教育の分配者、すなわち社会には課せられているのである。

ただ、ここでいう「社会」(society)は、財の分配を取り仕切る「拡張国家」のような実体を想定しているわけではなく、個人の自己所有権の行使がたがいに衝突するのを回避する調整機能、すなわち、誰の権利要求を優先し、誰のそれを後回しにするかのトレードオフ機能を指しているだけである。ノージックが好んで用いる比喩でいえば、人が自分のナイフに所有権をもつということは、それの使いかたや置き場所について自由に決めることができることを意味するが、しかしかれ／彼女は、それを他人の腹部に突き刺して置いておくことはできない。つまり、「所有の権利とは、ある物について許容可能とされる特定化された範囲のうち、どの範囲が実現されるかを決定する権利であるとみられる。許容可能とされる選択肢は、他の人の道徳的境界(another's moral boundary)に踏み越えないような選択肢である」[Nozick 1974 : 281f.]。しかし社会は、この境界線を実際に引いて所有権の行使に規制を課すことまでの権限はもたない。他者との境界線はあくまでも道徳的な境界線であり、それゆえ線引きは当事者の自発的な合意に委ねられるべきものである。社会は、Aのような生徒たちの恵まれ過ぎた教育機会が、そうした機会に恵まれていない生徒たちの学習意欲を減退させ、善き生を内側から蝕んでいくほどに道徳的境界線を踏み越えることがないように、資源の分配を調整していく。それ以上の調整を社会はしない。実際の調整は、A、B間、および親どうしの間で、相手の存在を認め合う相互理解が深まるにつれて自然になされていくことであり、生徒の実態をよく知っている教師によっても図られていく。社会はただ、こうした人びとの間の相互承認が自発的な努力のもとでなされていくフィールドである。そのなかで人びとのつながりが自生的に育っていくのであって、互恵性などのシヴィック・ヴァーチューを意図的に形成していく必要は認められないのである。

(4)　政治的リベラリズム

カントとミルが、それぞれの包括的リベラリズム（comprehensive liberalism）で、「自律」（カント）と「個性」（ミル）を人びとのなかに涵養されるべき理想の特性としたのにたいし、ロールズは、人びとの善き生のあり方にまで踏み込む包括的なスタンスは、善き生の多様性と自己決定と両立せず、もはや成り立たないとして、人びとの多様な生き方がそのなかで共存する憲法的な枠組みのみを限定的に尊重する「政治的リベラリズム」（political liberalism）の立場から、教育によって涵養されるべき特性について次のように述べている。「政治的リベラリズムは次のことを求めるであろう。すなわち、子どもの教育には憲法的・市民的な諸権利についての知識がふくまれ、それによって、例えば、自分たちの社会には良心の自由があること、棄教は法律上犯罪には当たらないことを子どもが知るようになることを、である。……子どもの教育は、子どもたちが社会の協働するメンバーになるように、また自助できるように用意すべきである。また、子どもの教育は、子どもたちに政治的諸徳を身に付けさせて、子どもたちが社会の他のメンバーとの関係で社会的協働の公正なきずな（fair terms of social cooperation）を自ら尊重していくようにすべきである。」［Rawls 2001：156］

「政治的リベラリズム」のもとで教育に求められるのは、もはや理想的な人間像の構成要素としての人格的・内面的特性ではない。それは社会の他のメンバーと協働し、社会の枠組みの維持に主体的に参加し、責任を共有していく「政治的諸徳」（political virtues）の涵養に止まる。一方、ノージックはこの憲法的枠組みを支えるミニマムなシヴィック・ヴァーチューでさえ、それの意図的な形成に教育資源を投入するならば、それが個人の自己所有権に属する財への侵害にならないことの証明が必要である、と権原理論の立場から求めていくのである。

(5)　自己所有権のテーゼ

個人の自己所有を、他者との協働関係から切り離して、それ自体で権原化していくノージックの立場を、分析的マルクス主義のコーエンは「自己所有権のテーゼ」(thesis of self-ownership) と呼んで、次のように定式化している。すなわち、「それぞれの人は自分自身の人格と諸能力 (person and powers) の道徳的に正当な所有者であり、したがって、それぞれの人は、他者にたいして攻撃的な仕方でない限り、それらの能力を自分が望む仕方で使用する自由（道徳的に言えば）をもつ」というのが、リバータリアニズムの「自己所有権のテーゼ」である [Cohen 1995 : 67]。これによると、人びとの能力はそれぞれの人の人格と一体であり、人格から分離可能な属性ではなく、それゆえ、人びとは人格的に自由であるのと同じ意味で、自己の能力の行使についても自由、しかも道徳的に自由であるとされる。つまり能力は、他の誰かのために行使されることを強制されることのない「自己所有権」、言い換えれば自分のものを自分が正当に所有するという再帰的な所有権に属していると言うのである。能力の行使が他者のためになされたり、能力の行使からもたらされる利得が他者（とくに社会的弱者）に分け与えられたりすることもあるが、あくまでもそれは自発的な意思でなされることであり、そのようにするように「強制する」(force) することは、誰にも——たとえ国家の名のもとでも——できない。「自己所有権のテーゼ」が禁止するのは、能力行使の仕方にたいするこうした強制である。能力の行使について、すべての能力の所有者は道徳的に自由なのである。

　自分のものを自分が所有する／使用するという自己所有権の正当性を示すために、しばしば「眼球くじ」の譬えが引かれる。「自己所有権のテーゼ」に従えば、眼球が両眼ともその人自身のものであるように、そしてまた、「眼球くじ」などにより片眼が晴眼者から失明者に提供されるように強制するシステムが正当化されない——たとえ〝すべての人に光を〟などの公平の名のもとでも正当化されない――ように、能力もその人「自身」（self）に「所有権」（ownership）が属しているとされる。もちろん、自発的な片眼提供者もいるであろうし、自分の能力のある部分を他人のために使う人もいるであろうが、そうしたことを強制する権限は国家にさえない。仮にそのような強制が許されるとすれば、それは、すべての人にとって二つの眼球は国家から一時貸与されたものとなり、「眼球くじ」に当たれば、少なくとも片眼を国家に返還する用意がなければならない、というような取り決めのもとでのみ可能となることである。もちろん、これはグロテスクというほかない取り決めで、国家といえども、そうした想定のもとで個人の人格的な所有に属することを分配対象にすることはできない、ということを「自己所有権のテーゼ」は主張するのである。

「自己所有権のテーゼ」は、能力とそこから産み出される果実の再分配を、能力の所有者の道徳的自由への不当な介入として拒否する。「眼球くじ」の譬えにみられるように、「自己所有権のテーゼ」のこの主張は人びとの直観や常識と合致するところも多く、それだけに強力である。正統派マルクス主義でさえ、能力をふくめて人びとに本来的に（そして不平等に）分配されている資源について自己所有権を認めており、ただ経済的な資源などの世界資源（world resources）についてのみ、平等な初期分配を求めているだけである［松井 2005：384f.］。こうした外部的な「条件の平等」（equality of condition）を求めるだけでは平等主義の立場には到らない、とコーエンはみなしている［Cohen 1995：72］。また、能力の行使により得られる利益は、能力の所有者個人の努力だけで得られたものではなく、市場をはじめとして人びとの社会的な相互作用のなかではじめて生じたものであり、この意味で社会的産物であるから、再分配の対象になり得る（つまり課税対象になり得る）、とするデイヴィッド・ゴティエの議論も「自己所有権のテーゼ」を突き崩すには限界がある、とコーエンは言う。というのは、ゴティエの議論は、自分自身が「協働的な相互作用」（co-operative interaction）のなかにいると認めている人びとの間でだけ成り立つ議論であるからである。

4　能力論と教育論

ロールズ、ノージック、サンデルの三者の能力論を、あらためて教育の視点から見直していくと、共通して見落とされている二つの側面が浮かび上がってくる。それは、能力ははじめから人に備わっているものではなく、発達・展開していくものであるという側面と、一般的な潜在能力が特定の能力になっていくのは、社会に実在する諸技能の形式にそって形成・学習されるからであるという側面である。前者を「能力の発達的側面」、後者を「能力の形成的側面」と呼ぶことにしよう。これら二つの側面から能力をとらえ直していくと、能力を個人のもの、あるいは社会のものとする考え方は、どちらも一概に成り立つことではないように思われてこよう。

能力は、それ自体としては潜在的な可能性を有する力（アリストテレスが「デュミナス」と呼んだ）に過ぎず、それが発達・展開して現実的な力になるかどうかは、実際にそれがどれだけ発動されるかどうかに懸かっている。発動されることなく、それゆえ発達・展開することなく潜在的なままに留まる限り、能力はあるとも、ないともどちらとも言えてしまう。死んでいった人の、一生発動されることのなかった能力について、その人はその能力を備えていた／備えていなかったと語るのは無意味である。能力の有無は、それが発達・展開した結果として現れる現実面の対応物（counterpart）か、あるいは、少なくとも行動面の傾向性（disposition）に照らしてはじめて、語り得ることがらである。

したがって、能力に関して所有論を適用するのには限界がある。能力は、他者に譲渡したり、共同で所有したりできる所有物ではないばかりか、誰かがそれを専有しているという自己所有物でもない。能力は所有物というよりも、所有者そのものである。言い換えれば、それは所有主体の構成要因であり、その人の自己同一性の一部である。わたしたちは人を紹介するとき、あるいは自分自身を人に紹介するとき、その人および自分が何ができるのか（やろうとすれば何ができるのか）といった能力を、年齢、性別、体型などと並べて示していく。能力は、年齢、性別、体型などがそうであるように、たんに着脱可能な属性として言及されているのではなく、その人自身、あるいは自分自身についてのプロフィールとして触れられているのである。そうした同定の仕方が可能になるのは、潜在的に可能な力としての能力が、現実に顕在化した能力として発達し、展開したからである。そうであるから、発達・展開した能力はその人の個有性（property）そのものであり、他の人の所有に帰されることのない、そしてまた共同で所有されることもないものである。

また、潜在的に可能な力としての能力は、そのものとしては無定形・無分化であり、とらえどころがなく、使いものになるものでもない。そうした原素材としての能力は、しばしば〝陶土〟に譬えられてきた。この比喩を使えば、〝陶土〟としての能力を、可能態から現実態へと〝成型〟していくのは、それぞれの社会に成り立っている各種の技能である。とりわけ技能を成り立たせている手法や手続きや手順など、それぞれの技能に特有の形式に従って導かれなければ、能力は〝成型〟していかない。その形式には、社会を超えて普遍的なものと、社会に相対的なものとがあるが、どちらにしても、どのような能力がどの程度に評価されるかは、それぞれの社会によって異なっている。ある人がある能力に優れている、と評価を受けるのも、その人自身が努力したからだけではなく、社会がそうした能力の形成を期待しているからでもある。

このように、能力を発達的側面と形成的側面からみていくと、能力それ自体が誰のものかという帰属問題に決着をつける意義は薄れてくるであろう。発達し、形成された能力は、ある意味では個人のものであり、ある意味では社会のものである、というほかない。しかし能力の帰属が本格的に問題となるのは、その能力を使って得た便益や財が、能力の所有者だけのものとされてしまうときである。言い換えれば、財の所有の正当化が能力の所有に遡ってなされてしまうときである。その限り、能力は財を産み出す財（いわばプロト財）とみなされ、ノージックならば、それの取得についても不正がなければ、そこから産み出される財を自己所有に帰するであろう。

ただ、プロト財としての能力の取得の手続きとは、能力の発達と形成のプロセスそのものにほかならず、それが不正なものではないということは、どのような場合に言えるのであろうか。例えば、たまたま裕福な家庭に生まれ落ちたために、能力の発達と形成に有利な状況下にあった人と、公的な奨学資金だけで能力の発達と形成にありつけた人とでは、能力の発達と形成のプロセスが異なっている。つまり、親のおかげで能力を得た人と、社会のおかげでそれを得た人との間には、能力の取得の手続きに明らかな違いがあるが、この違いはそれぞれの人が将来的に産出する財の帰属にも影響することであろうか。このように問うことによって、能力の開発をめぐる公正性の問題は、再び教育財の分配問題へと戻されることになる。この回帰を嫌って、教育財の分配を国家に一任してしまう手もないわけではない。しかしそれは、国家のあり方が大きく変貌しつつあるときだけに、国家に教育供給の権限を一任するのは、いかにもリスキーである。そういう状況を先取りして、国家なき分配論の可能性をさぐったのが権原理論である。

註

（1）第六章「『規制緩和』後の国家／市場と教育——分配の主体は誰か——」参照。
（2）第四章「共同体理論と共同資産としての能力」参照。
（3）第三章「平等理論と多様な能力」参照。

III部　国家と教育分配の主体

第六章　「規制緩和」後の国家／市場と教育
——分配の主体は誰か——

1　問題の所在

教育の規制緩和が、「教育の自由化」の名のもとで騙られることはさすがに少なくなった。それでも規制緩和に関して、いわれるところの「規制」を国家による統制と受け止めて、その緩和を、地方独自の教育の実施への弾みとみる向きがある。その一方で、反対に、これまでの規制を教育機会の平等性確保のシーリングとみなして、規制の緩和を、教育の競争的追求の解禁（と不平等拡大の容認）とみていく向きもみられる。教育の規制緩和にたいするスタンスは、歓迎と警戒の間でなお揺れ動いている。いったい、教育の規制緩和によってもたらされるのはどういう事態であろうか。

一般に「規制緩和」(deregulation) の名で緩和（欧語表記 de-に忠実な邦語を当てれば「撤廃」）の対象とされるのは、これまでの規制のあり方だけではない。規制それ自体もそうである。つまり、中央統制による画一的な規制を緩和することだけではなく、結果として規制そのものが無意味になり、無効になることもまた意図されている。しかも緩和・撤廃の対象とされる当の「規制」(regulation) は、単に国家・中央官庁からライン系列を通じて貫徹される上意下達の支配・管理だけではない。少なくともそのように観念されるだけでは狭隘で、一面的と言わざるを得ない。現代フランスのレギュラシオン理論 (théorie de la régulation) を援用するならば、規制は社会制度に内在するコンフリクトを回避するために国家によって挿入される調整様式 (mode de régulation) であり、そこには統治される側もコミットさせられている、とみるべきである［アグリエッタ 2000：3-14］。そうした〝労使協調〟による高賃金・高消費の蓄積体制を目指したフォーディズムのレギュラシオンが、経済活動のグローバル化のなかで緩和・撤廃の対象とされているのであり、それに代わる新たなレジーム（ポスト・フォーディズム）が社会の基幹部門で――「構造改革」などの掛け声とともに――模索中なのである。経済活動のグローバル化は、国家内の規制だけでは市場経済の成長を維持できなくしているのである。教育における規制緩和も、市場社会の再編と連動しながら、新たな調整様式を生み出そうとしている。

ナンシー・フレイザーによれば、フーコーの「規律訓練（ディシプリン）」論は、権力的な強制力の行使にたよらなくても、個人の自発的な自己規律を促進することで、社会・組織の編制はむしろいっそう合理的かつ効率的になされていく、と洞察した点で、大量生産・大量消費をすすめたフォーディズムの時代にふさわしい議論であった。この「フォーディズム型規律訓練は、個々人を社会統制の行為作因として徴用しながら、同時にかれらの自律性を促進するという戦略の効果によって、外的強制を内的自己規制に置きかえようとしたのである」とフレイザーは言う［フレイザー 2002：31f.］。ただ、自己規律を動員する統治の有効性は、あくまでもナショナルな枠内でのことであり、国家の主導のもとでケインズ主義の福祉型社会、言い換えれば国家が財の再分配の主導権を握る社会が安定的に持続していく限りで、発揮されるものであった。ところがこんにち、特に「一九八九年以降のポストフォーディズム的グローバリゼーションの時代」においては、社会的・経済的な活動は国境を越えて相互に影響を及ぼし合うようになってきており、「ナショナルな編制は消えたわけではないが、その規制のメカニズムが他のレヴェルに存在するメカニズムと節合（連携したり、競争したり）されてゆくにつれ、中心的なものはなくなっていく過程にある」［フレイザー 2002：32-3］。この脱中心化の過程で、これまで国家によって統合的に進められていた社会設計の権限は、それぞれの活動部門に分散して委譲されていっている。その結果として、フォーディズムの時代とは異なる、新しい統制のシステムが生み出されようとしているのである。

「規制緩和」後のこの「新しいタイプの規制の構造」を、フレイザーは「グローバル化された統治性という多層的システム」［フレイザー 2002：33］と呼んでいる。多層的システムのもとでは、経済の活動部門と同じように、教育、福祉などの公共的な事業をふくめて、各部門の営為は、もはや〝中央管制塔〟、すなわち国家によって部門間の調整が図られるということは期待できず、市場化のなかで一律に競争原理に投げ出されていくとともに、その一方では、私事化のなかで家庭と個人に負担と責任が課せられてきている。

したがって、教育における「規制」は、単にこれまで教育本来のあり方を制約してきた阻害要因だけを指しているわけではなく（仮にそうであれば、規制が緩和・撤廃されれば教育本来のあり方が取り戻されることになる）、教育機会の供給のシステムを指している。このシステムを通して、国家は供給側と受益側のコンフリクトと、受益側内部のコンフリクトの調整をしてきた。なぜ調整が必要かといえば、受益側の要求をすべて充たすには、供給の絶対量（つまり教育供給の〝パイ〟）を大きくするだけではもはや成功しないからである。早い話が、わが子を東京大学に入れたいと願うすべての親の要求を充たすことは——単に収容能力の点ばかりでなく、人材の社会的選抜（selection）・配置（allocation）の点からも——できない。そこで調整の挿入が社会的に不可避になる。その調整装置を立法、行政、財政の面から実質的に占有してきたのが国家・政府であるが、その権限は受益側に支持されてこそ正当性をもち得てきた。それゆえ「規制」といっても、統治者が特定の階層の利益を護るために一方的に通達する布告（edict）とは性格が異なり、通達者の意思自体が構成員全体の意思に由来している。とくに個別の意思が利害のコンフリクトを招き全体の意思の達成が妨げられてしまうからこそ、規制の挿入は受け容れられてきた。

「交通規制」（traffic *regulation*）を例にすれば分かり易いかもしれない。渋滞時の交通規制は誰か特定の人を優先するためになされることは稀で、普通はたがいの通行が他の者の妨げにならないようにして、全体の流れを円滑にするために挿入される。この意味で'regulation'とは「規制」というより「調整」——個別意思の調整——なのであるが、この調整装置を国家が放棄（とまではいかないまでも、「分権化」（devolution）の名のもとで現場に委譲）していくとすれば、その後の教育供給の分配は誰によって、どこまで調整されていくことになるのか。この分配主体の特定化（国家か、市場か）と、権限の制限原理の明確化（「機会平等」の名のもとでの介入か、「自由選択」の名のもとでの自己責任の拡大か）が、教育の規制緩和について問われるべきもっとも原理的な問題である。以下では、教育分配に関わるこの枠組み（国家／市場、平等／自由）が、「規制緩和」後の国家の教育責任を検討するさい有意義であることを、多様な議論を取り上げるなかで明らかにしていきたい。

2　市場原理とネオリベラリズム批判

(1)　黒崎—藤田論争

教育の規制緩和をめぐる諸施策は、政府の行政改革委員会、とりわけその規制緩和小委員会が打ち出した学校改革のための弾力化と多様化の方針（「規制緩和に関する論点公開」一九九六年七月）や、閣議決定された規制緩和推進三か年計画（一五分野六二四項目、一九九八年三月）を受けて加速化してきている。これと前後して、規制緩和施策を教育への市場原理の導入と受け止めて、それへの対処を主題とした重要な論争が黒崎勲と藤田英典との間でなされている。「教育の規制緩和」はその後も行政のアジェンダに沿って進行中であり、それゆえ議論が政策課題との対決をめぐってなされてきたのも当然である。それにもかかわらず、ここでは視座を現実的問題から原理的問題へとずらしていくが、それは論点を広い見取り図のなかで相対化していく必要があると考えるからである。

前述の論争で、公立学校の改革の「触媒」として学校選択制の導入を歓迎する黒崎は、しかしそれは教育への市場原理の導入ではないと繰り返し言明している。黒崎は「学校選択制度の主張を二つの類型に分け、市場の単純な適用を原理とするものと抑制と均衡を原理とするものとを区別」し、前者のような市場原理による公立学校の民営化につながる学校選択制は斥けている［黒崎 1997：398］。それでも自由選択制を導入すること自体が、生き残りを賭けた学校間の競争激化と教育機会の格差拡大という市場原理による改革と同じ結果をもたらすことになる、と批判するのが藤田であるが、藤田によれば、「学校は、青少年期の若者が生活時間の大半を過ごす場であり、青少年期の若者が所属するもっとも主要な社会集団であるという点でも、きわめて公共性の強い空間である」るから、教育には市場原理はなじまないものである［藤田 1997：454］。

このように黒崎、藤田の両者は教育への市場原理の導入にたいして、黒崎は学校の自主的な内部改革を鼓舞する立場から、藤田は学校の公共性を擁護する立場から、それぞれ慎重なスタンスを採っており、争点は「市場（原理）」をどのように捉え、それの適用をどのように画していくかの認識と処方の相異に収斂している。(1)この相異が、藤田がいみじくも述べるように、「教育行政学者（黒崎）と教育社会学者（藤田）との視座の違い」［藤田 1997：411］を反映するものであるとするならば、その「違い」の振幅を明らかにするために、いっそう徹底した多様な立場からの諸議論――とくに日本以上に市場原理に晒されている英米での議論――を取り上げていくことは有効であろう。というのも、その後の教育の規制緩和と分権化の急速な流れをみるにつけ、国家の役割と市場の機能との相反しつつも相補する関係は、すでに内部改革への期待や運動論への訴えといったアド・ホックな取り組みだけで解明できる課題を超えて、ポスト・フォーディズムの時代の教育をめぐる国家と市場との関わりを大胆に問う原理的問題を孕んできているからである。

こうした原理的問題への着眼は、これまでのところ、アド・ホックな取り組みと比してかならずしも充分とは言えない。その理由は、ひとつには（主要には）、教育改革にたいするイデオロギー批判の先行にあるように思われる。言い換えれば、教育分配をめぐる国家の役割と市場の機能という原理的問題への遡りは、その第一歩から、教育改革の政策意図そのものへのネオリベラリズム批判によって、不用なものとされてしまっている。そこで、迂遠なようであるが、ネオリベラリズム批判によって隠蔽されている論点を明るみに出すことから考察をはじめていきたい。

(2)　ネオリベラリズム批判

教育の規制緩和を正当化するレトリック、ないしイデオロギーとして、批判者の側から一致して攻撃の標的とされてきたのがネオリベラリズム（新自由主義）の思想である。[2]「ネオリベラリズム」批判は、かつての「能力主義」批判以上に有力な政策批判としてすでに定着しているが、ややステロタイプ化した観もあり、批判対象（「ネオリベラリズム」）が多義的なままにされていることにも問題がないわけではない［森村 2001：20-1］。しかし、敢えて分節的に整理していくならば、教育改革の政策意図にたいするネオリベラリズム批判に、焦点が二つあることが判る。それは、教育への経済（学）的発想の持ち込みへの批判、すなわち市場主義への批判と、「心のノート」の配布による公徳心の涵養や国歌・国旗の徹底による集合的アイデンティティの形成にみられるネオナショナリズムへの批判である。ネオリベラリズム批判は、この反「市場」主義と反「国家」主義にほぼ焦点化されているが、反復される批判言説は、批判者の側にも内包しているはずのコンフリクト、すなわち個別意思のコンフリクトを蔽い隠してしまっている。日本の批判者にも支持者が少なくないピエール・ブルデューのネオリベラリズム批判にも、その例をみることができる。その要点を次に示そう。

(3)　P・ブルデューの市場主義批判

ブルデューは、現代国家と社会の成り立ちを根元から掘り崩すネオリベラリズムを「保守革命」と位置づけ、個人への権限賦与、公権力介入の限定など、リベラリズムの古典的言辞を弄しながら、人びとを市場主義に組み込んでいく新たな支配構造の創出として捉えている。市場という、個人の意思から独立した第三者的装置に価値の評価を委ねることによって、これまで正当化できなかった社会的営為も、正当化が与えられるようになる。つまり、「社会的に正当化できないものを正当化するために金融市場の権威が伝家の宝刀として絶えず持ち出されますが、この金融市場の権威は、支配的思考様式を構成する用語・範疇・問題をつうじて人々のこころを捉えるまさに象徴的な影響力に基づくものなのです。これらネオリベラリズム教の常套句はいたるところで幅を利かせているからこそ普遍的であるように見えてくるのです」［ブルデュー 2000：4f.］。このネオリベラリズム（教）が振り撒く、「それ固有の論理、いわゆる市場法則、つまり強者の論理に支配された経済世界の現実的基準をあらゆる人間的活動の規範、つまり理想的ルールにしようと」する市場主義が、それに代わる一切の立場を不可能視させてしまっている、とブルデューは分析するのである［ブルデュー 2000：66］。

あらゆる個別的価値をそのなかに投げ込み、一律の基準で正当化してしまう市場は、それ自体の正当化を、みずからの正常な自己展開のなかで再生産していく。教育の市場化が進展すればするほど、教育の価値評価は標準化され、それからの偏差によって個別の価値が測られていくのが不正常なことではなくなっていく。むしろ、市場による選別からの回避のほうが、逃避ないし逸脱行動視されてしまうのである。しかし、こうした社会的正当化装置としての市場は、例えば自然選択がそこでなされる自然環境のように、それ自体自立した受け皿をもたない。市場の「権威」は、ブルデューによれば、リベラリズムの古典的言辞によってつねに普遍化されていかなければならず、いわばイデオロギー操作によって維持されている。そうしたリベラリズムの古典的言辞の普遍性が認識され、再認識されつづけていく温床の一つが教育言説である。文化・学問など、市場から相対的に自立している領域とは違って、教育は、市場への貢献と依存を成立要件としている。それだけに、教育言説はネオリベラリズムの温床として好都合なのである。

ネオリベラリズムはまた、社会全体の動きを一人ひとりの個人の合理的計算性向から積分していき、それぞれの個人の選択・決定がなされる「経済的・社会的諸条件を括弧に入れてしまう」傾向にある［ブルデュー 2000：153］。ネオリベラリズムの教育改革論に「経済的・社会的諸条件」からの必要性がまったく触れられず、それらを抽象したところで、親と子どもの要求からストレートに教育改革の必然性が説かれるのはそのためである。経済「理論」としてのネオリベラリズムの特徴も、その「脱社会化され脱歴史化された」言説にある［ブルデュー 2000：154］。しかも「ネオリベラリズムの言説は『強い言説』なのである。力関係の世界ですべての力を味方にしているからこそ強く、また打破することが困難な言説なのである」［ブルデュー 2000：154］。

このように、ネオリベラリズムの政策と言説が乗り越え困難であることを指摘しつつも、ブルデューが代替案として敢えて提示するのは、市場からの自立と人びとの協同にもとづく地域的結合の再建である。市場社会が広まり行くなかで、こうした「コレクティヴィズム」を提起することの現実的可能性への疑問は措くとしても(3)、反

「市場」主義・反「国家」主義のネオリベラリズム批判が、地域単位の自立的な教育運動の呼びかけに具体化されるとき、教育の受益側に内包されるコンフリクトとともに、教育の分配主体の特定化と分配権限の制限原理の明確化の課題が視界の外に消えていくことには注意を払わなければならない。(4)

この点をさらに明確にするため、ブルデュー同様に支持者が多いジェフ・ウィッティーの議論を次に取り上げてみることにしよう。

(4)　G・ウィッティーのコレクティヴィズム

ウィッティーは、各国の教育改革の効果に関する諸報告を広くレヴューした上で、「市場化と私事化の方向にさらに突き進むことが教育の質を全体的に改善することにはならない」ばかりか、受けられる教育の質をめぐり階層間で有利・不利の格差を生み出すなど、「社会的公正を害する」ことにもなる、と結論づけているが、その一方では同時に、市場化と私事化を推進するネオリベラリズム改革が、学校教育を官僚支配から抜け出させ、人びとの「アトム化された意思決定」をコレクティヴィズムのもとに結集して、「教育における社会的正義」を進めていく可能性も開けてきている、ともみている［ウィッティー 2000：263-5 傍点はいずれも引用者］。このように、教育の質の「全体的」改善と、「社会的」公正・正義を強調するウィッティーがコレクティヴィズムに加担していくのは理解できることであるが、その限りウィッティーの立場はリベラリズムの立場、すなわち、個人の志望の多様性を尊重し、異なる志望の自由な追求にそれぞれ平等な機会を保障していこうとするリベラリズムの立場［宮寺 2000：6］とは対極に位置している。(5) リベラリズムの立場からすれば、コレクティヴィズムの議論に決定的に抜け落ちているのは、人びとの教育要求を全体的に実現していくことに力点が置かれるあまり、人びとの教育要求が多様化しており、しかもそれらの間に消去不可能なコンフリクトが存在していることに充分な配慮がなされていないことである。それゆえ、誰に教育の分配を委ねるのか、どこまでその権限を認めるのか、の分配主体の特定化と制限原理の明確化が主題になることもないのである。

「教育の質の全体的な改善」が望ましい帰結であることは言うまでもないが、そこに至るまでにクリアしておかなければならない論点、すなわち、誰が・誰に・どのような権限で教育を正当に分配することができるのか、という分配論は、「全体的な改善」を求めていくためにも見落とすことのできない論点であるはずである。この論点を議論のなかに引き取るならば、国家の責任と市場の機能を主題化していくことは避けられないのである。

3　教育分配論の不可避性

(1)　J・トゥーリーの反「国家」主義

たとえ自立的な地域的結社内であっても、教育資源の分配について「全体的」改善と「社会的」公正・正義を実現しようとするならば、何らかの分配主体を特定化することは避けられない。それを「国家」と名指すかどうかは別にしても、分配主体の特定化は不可避の課題であり、問題は分配主体の権限をどこまでに限定するかにある。この意味で、イギリスにおける「教育への市場原理の導入」をめぐる一連の論争で、反「市場」主義を鮮明に打ち出しているジェラルド・グレイスが、「教育は公共財であり、そうであるから教育は第一義的に国家によってすべての市民の負担なく供給されるべきものである」と主張したとき［Grace 1994：127 傍点は引用者］、争点を率直に提起したといってよい。争点は、「国家か、市場か」の対称軸上にあるのであって、仮に「国家」の役割も、「市場」の機能も想定することなしに「全体的」改善と「社会的」公正・正義を語ろうとするならば（それはあまり現実性のない議論に思われるが）、第三の分配主体の特定化を急がなければならないであろう。

グレイスとは対照的に、反「国家」主義をラディカルに貫いているジェイムズ・トゥーリーは、教育の公正な分配主体として「市場」を特定化している。トゥーリーが市場に教育の分配を委ねるのは、国家が教育の平等分配を推進しようとすることが、後述のようなパラドックスを孕んでいるからである。

トゥーリーは、教育が社会のなかで営まれていくさい、国家による規制はかならずしも必要ではない、いや国家介入を排したほうが、質の高い、しかも公平な教育が供給されることになる、というリバータリアニズムの議論を出しつづけている論者として夙に知られている［Tooley 1995；Tooley 1996］。そのトゥーリーは『教育を〈国家から〉取り戻す』（*Reclaiming Education*, 2000）のなかで、教育、とりわけ学校教育の平等な供給に国家の関与が不可欠であるとしてきた従来の議論にたいして、その根拠を逐一論破していっている。従来の議論の根拠とは、次のようなものである。

① 公平な教育機会をすべての人に保障するためには、国家による制度の整備が不可欠である［Tooley 2000 sec. 2］。

② 学校・進学情報の入手をめぐり、積極的に動く者とそうでない者との差が階層間で広がっており、それが学校選択の障壁ともなっているので、情報格差を無効にするため、国家による一律の規制（すべての中等学校を総合制にするなど）が不可欠である［sec. 3］。

③ 将来の社会のすべての構成員に、市民としての共通の知識と資質（とくに民主主義のルール）を確実に教えていくため、一定の教育内容について国家による必修化（ナショナル・カリキュラム化）が不可欠である［sec. 4］。

④ 学校教育が説明責任を果たすためには、国家による直轄的な行政指導が不可欠である［sec. 5］。

これらのうち、「国家の教育責任」の名のもとで、国家関与を正当化する根拠として平等理論がもっとも重要視してきたのは、①の「公正」（equity）の原則、つまり教育機会を平等に保障していくには国家の関与が不可欠であるという原則である。平等理論に従えば、経済的、地域的、人種的な外的要因によって教育を受ける機会に格差が生まれるのは不合理で、それの是正は国家の責任である。個人の努力では除去できない外的要因から生ずる不平等は、国家が適切な措置——無償制、校区制、アファーマティヴ・アクションなどの制度の挿入——を講ずることによって、はじめて是正可能となる。こうした「機会の平等」の実質的な保障が、教育に国家関与が必要とされる根拠とされてきているが、トゥーリーによれば、これには重大なパラドックスが潜んでいる。それは、「学校教育を平等にしていけばしていくほど、家庭の影響力はそれだけ重みのあるものになっていき」[Tooley 2000：81 傍点は原文]、家庭に起因する不平等がかえって促進されてしまう、というものである。学校教育の公正原則は、教育全般からみれば不公正をもたらす誘因になっている、というパラドックスである。

学校で平等に供給される教育機会では学習の達成に差が出にくい、と判断されれば、学校外の教育（education outside of schooling）によって差異化を図ろうとする親と子が出てくるのは抑えがたい。かれらはそれによって、階層社会のなかでのポジションの獲得競争に少しでも優位に立とうとする。外的要因は制度の挿入によって制御できるとしても、子どもの教育への親のアスピレーションのような内的要因まで抑制することは不可能である。そればかりか、外的要因の平準化はかえって内的要因の活性化を促す効果がある。どこの学校に通っても享受できるのは同じ教育であるとすれば、その機会だけで満足することも、それ以外の機会を上積みすることも、「家庭の影響力」（family influence）によることになる。

学校教育の平等化は、家庭の影響下でなされる教育をふくめた教育全般の平等化を意味してはいないし、ましてやそれは、かつて前世紀のはじめに革新主義（プログレッシヴィズム）の教育論者が想定した社会そのものの平準化には結びつかない。むしろ教育の私事化が進むこんにち、それは社会の不平等を家庭という私的空間から再生産する道を用意したとさえいえる。学校教育の平等化と学校外教育の不平等化の間に因果関係がある／なしの判断は措くとしても、(6) 後者の教育をふくめて「教育の平等化」を図ろうとすれば、国家による強力な社会政策の推進——極端な場合、プラトンが仮定した家庭の共有化などが想起される——が必要になる。教育の平等化を学習達成における「結果の平等」にまで実質化していこうとすれば、遺伝子レヴェルの社会的操作というグロテスクな場面にまで背進していくことにもなろう。しかしそうした思考実験を経なくとも、個人の善き生の自由な決定を大幅に制限するというリスクを冒してまで、平等（全体としての平等）の実現を目指すことの意義、つまり「何のための平等か」が改めて議論の対象に据えられなければならないであろう。

(2)　H・ブリグハウスの「親の権利」限定論

トゥーリーは、学校教育による平等な教育機会の供給が、かえって教育全般の不平等を促進してしまうというパラドックスを指摘した。これを回避するには、不平等の起源とされる「家庭の影響力」にまで踏み込んだ議論を展開していくことが必要となる。トゥーリーが「平等主義者」（egalitarian）として名指しで批判したハリー・ブリグハウスは、著書『学校選択と社会的正義』（*School Choice and Social Justice*, 2000）でこの課題に果敢に取り組んでいる。ブリグハウスは、子どもの教育への家庭・親の関わりを、リバータリアンのように自然権として「権原」（entitlement）化することはせず、むしろそれを、「社会的正義」（social justice）のもとに従わせていこうとしている。

ブリグハウスが「社会的正義」を強調するのは、人は誰でも、自分自身の自律性（autonomy）の確立を社会に負っていることを重視するからである。すなわち、人は非自律的な存在として生まれながら、やがて自律的存在として社会の構成員になっていくが、それは学校をふくむ社会の制度のなかで教育されることを通してである。個人の自律性は、社会の制度のなかで、他者からの直接・間接の支援を受けて育てられてきた結果である。それゆえ成人に達した者は、今度は、自分の子どもだけではなく、社会のすべての子どもに教育の機会を供給する役割を担うことになる。それをブリグハウスは、成人が果たすべき「当然の責務」（obligation）とみなしている。教育の供給は、自分の子どものために必要とされることでも、社会の共有財を継承していくために必要とされることでもない。すべての子どものために教育の供給者（プロバイダー）になることは、その社会に生まれ、その社会で自律性を育てられた者の「当然の責務」である、とみなされる。

　成人による責務の遂行により、教育は社会の制度として維持され、そのなかで次代の子どもの自律性が確立されていく。そうした自律性の確立を社会のすべての子どもに保障していくことを、ブリグハウスは――他の何かの個人的、ないし公共的な財を得るためではなく――まさに「社会的正義」の名のもとで人びとに要請していく。言い換えれば、次代の子どもに教育を供給していくことは、それ自体が社会的正義なのである。学校の自由選択制が教育の供給システムとして妥当かどうかも、社会のすべての子どもの自律性の確立にそれが有効か否かで、判断されるべきなのである。

　このように、ブリグハウスは「社会的正義」の名のもとで学校選択の運用を規制下に置こうとする。それは、「自分の子ども」の教育に関わる親の選択（parental choice）を解放して、そこに教育改革へのインセンティヴを求めるリバータリアニズムの発想とは、かなりの距離がある。それはまた、親個人の選択を地域的結社内に位置づけて制約していくコレクティヴィズムの発想とも、距離をおいている。

　ブリグハウスは親の選択を正当化するためには、親と子どもの関係、つまり、「家庭という制度（the institution of the family）の正当化に関わる問題」をも取り上げていくことが不可避になる、という［Brighouse 2000：13］。つまり、親はなぜ子どもにたいして「権利」をもつのか。それは親に本来的に属する「基本的権利」なのか、と問い直していくのである。

人は自分の持ち物を自由に処分していく排他的な権利をもつ。それを権原としてみとめるとしても、その延長として、親は家族の養育方式を自分の意思できめていくファンダメンタルな権利を有するわけではない。家庭は、「子どもたちにたいしてわたしたち成人が負う一般的責務の受け皿として、さしあたりもっとも便利で、もっとも効率的な制度」［Brighouse 2000：15］であるから、限定付きで権限が授けられているに過ぎず、親には、保護者であるという理由だけで、子どもにたいする教育権が排他的に賦与されているわけではない。重要なのは、「すべての成人はすべての子どもに広い範囲の責務を負っている」という認識を共有することである。その責務は、単にすべての子どもに平等な機会を保障するということだけには尽きない。すべての子どもが自律的な人間（autonomous person）になる機会を保障することがその核心である。「特定の子ども〔つまり自分の子ども〕にだけそうした配慮をする権利は、どの成人にもない」とブリグハウスは言う［Brighouse 2000：15 大括弧内は引用者］。

子どもにとって家庭という場が偶然によって決められるのと同様に、親にとっても自分の家庭は特別のものではない。それゆえ、「親には、子どもとともに暮らし、子どもと親密に交じり合う権利はあるものの、子どもの教育を統制する権利はない」［Brighouse 2000：17］。ブリグハウスは親（parents）という観点よりも、成人（adults）という観点に拠って、家庭を閉域とみる見方を突き崩そうとするのである。

(3)　D・ハーグリーヴズの選択制擁護論

ブリグハウスの成人の責務としての教育供給論は、親の権利の上位に「社会的正義」を置き、後者によって前者を規制する試みであった。この議論は、親たちの個別意思の普遍化という現実には達成不可能な課題を前提にしている。そうした利他主義的な正義論の立場からの議論は、ジェフリー・ウォルフォードからすでに「社会的、政治的文脈を無視している」と批判されている［Walford 1997：517］。ウォルフォード自身が考えたのは、親の個別意思を家庭と子どもの利益から切り離して、いっきに「正義」に結び付けていくことよりも、現に「社会的不平等を再生産し、正当化している」学校教育を「より大きな公正」をもたらしてくれる方向に改革していくことであった。そのさい学校選択制は、学校ごとの定員制限を厳密に守らせ、抽選にもれた者は他の学校に回されるという「選抜における不確実性」（uncertainty in selection）のもとで実施されれば、特定の者にだけ質の高い教育が供給される不公正は防げる、とウォルフォードは考えている［Walford 1997：520；宮寺 2000：148］。抽選による学校選択制は、すべての親に、すべての学校の改善に関心を払わざるを得なくしてしまうのである。

しかし学校選択制は、そうしたソーシャル・エンジニアリングの一種として利用価値を有するだけではない。いっそう本質的には、選択（choice）が自律性（autonomy）の育成と深く関わっていることが、リベラリズムの立場からすれば重要である。この自律性の育成という側面から、子ども自身の自由と選択に教育的価値を見出していくのがデイヴィッド・ハーグリーヴズである。

ハーグリーヴズが選択の価値に注目するのは、「自律性の発達」（*development* of autonomy）との関わりからである。つまり、自律性は育てられるべきものであって、子どもはもともとから自律的な存在なのではなく、さまざまな選択場面に立たされ、一つひとつのオプションについて知識が与えられ、意思決定が促されていくことにより、自律的になっていくのである。

さまざまな選択場面を用意して、子どもの自律性を育てていくことを、ハーグリーヴズは学校教育の課題の中核に据える。それだけではなく、ハーグリーヴズは、学校それ自体も子どもの選択のオプションにしていき、学校選択を、子どもの自律性育成の重要な機会とみなしている。「初等段階の教育については、親は子どもとの話し合いをそれほどしないで［子どもの学校を］決定をしていくが、子どもが成長していけば、教育の決定について関与する権利が子どもにだんだん与えられていくことになる。教師も子どもの希望や選好を排除していくことにそれほど確信がもてなくなっていくであろう」［Hargreaves 1997：512 大括弧内は引用者］。それぞれ教育内容に特色を出している学校の間で選択させていくことは、選択者である子どもの自律性を育てていく機会として考慮されなければならない。このように学校選択が自律性育成の機会とみなされる目安として、ハーグリーヴズは一三、四歳からという年齢を示唆している［Hargreaves 1997：512］。

親から子どもへの選択意思の移譲は、同一文化内での選択肢（intra-cultural options）の場合、つまり同じ文化の枠内での「特色あるカリキュラム」（specialised curricula）のなかからの選択であるならば、親としても、子どもの自律性育成という見地から容認していくことができよう。しかし、学校選択制との関わりで、自律性とその発達が真に問題になるのは、価値多元的社会（pluralistic societies）のなかでの選択である。そこにおける学校間の差異は、同一文化内の選択肢間の差異とは異なり、制度的に多様化された学校（schools in a diversified system）の間での差異であるから、もはや「特色ある学校」間のそれには解消されない。しかも価値多元的社会での選択は、白紙の状態からの選択ではなく、すでに生まれによってある文化価値を背負っている者による「文化外的価値」（extra-cultural values）の選択である。そこにおいて自律性が育成されるには、「青少年に強力な価値を伝達しようとする一方で、同時にそれらの信念を検証し、その結果その信念を拒否することをも許していくような条件を備えている共同体」が存在していなければならない［Hargreaves 1997：513］。

このように、共同体が人びとの自律性をどこまでも尊重し、「共有された価値」からの離脱をも容認するまでになっていくとすれば、そうした価値多元的社会では、価値志向を共有する階層や人種・宗派ごとに異なる教育が独自に供給されていってしまうリスクがつきまとう。現に、チャーター・スクールの設置・運営への「国家」的助成は、そのリスクを現実化している。ハーグリーヴズ自身は、同一文化内の選択肢のみならず、文化外的な選択肢をもふくめて、多様な学校教育のなかから子ども自身に学校と文化を選択させるようにし、それによって価値多元的社会での自律性の育成にそなえようとしているのであるが、そこまで自由と自律性を重視していくとなると、共同体全体での平等な教育分配に誰が、どのようにして責任を果たしていくことができるのかという問題が、ここでも浮かび上がってくることになる。

4　国家／市場と共同体

(1)　M・ウォルツァーの分配的共同体論

人間の社会が「共同体（コミュニティ）」と呼べるのは、構成員がたえず意思の疎通をし、相互に作用を及ぼし合っているからだけではなく、その上さらに、社会が所有する財の分配の仕方について、明示的にしろ、暗黙のうちにしろ、考え方を共有しているからでもある。弱者救済の福祉政策を重くみる社会と、カースト制を頑なに維持している社会とでは、まったく異なる仕方で社会の財は分配されているが、それでも、それぞれ独自の分配方式を受け継いでいる限りで、どちらも共同体を形成している。何が、誰に、どれだけ、どのような場合に分配されるのか／分配される資格があるのかについての考え方の共有が、それぞれの社会を共同体にしているのである。

この意味でマイケル・ウォルツァーは「人間の社会は分配的共同体である」(Human society is a distributive community.)［Walzer 1983：3］と述べたのであるが、もちろんこの言明には、共同体主義者ウォルツァーの特異な思い入れがある。すなわち、社会が所有する財の分配は、共同体の人びとの考え方の共有なしには正当化されないのであり、同時にまた、共同体は財の分配方式を独自に引き継いでいるからこそ同一性を保ってきた、という「分配」と「共同体」の概念的な強い結び付きについての思い入れである。「分配的共同体」(distributive community) という表現はそれを想定して成り立っている。共同体には本来的に分配機能が組み込まれており、その機能が、それぞれの共同体を独自なものにしている、という入れ子状の組み合わせがこの表現には込められている。

しかし、現実の人間の社会は、ウォルツァーが言うような「分配的共同体」のイメージからだいぶ隔たっており、だいいち、「分配的共同体」から連想される分配者の存在は、もはやメタファー以上には想定できない。もちろんそれは、特定の人格を分配「者」として想定しているわけではかならずしもなく、実質的に分配機能を担う機関ないしメカニズムとして存在していればそれでよいが、その分配機関を押し広げて、規制のない自由な市場にまで「分配者」の資格を与えていくとすれば、そこに成り立つ社会はもはや「分配的共同体」とは言えまい。そこでの分配は、結果における分配ではあっても、調整にもとづく分配とは言えないからである。むしろ、そうした計画的分配の非効率性を排した上でなされるのが市場による分配であり、分配者の存在は、機能主義的に確認されるだけである。市場による機能としての分配は、分配にいたる経過の正当性よりも、結果の受け入れを合意とする帰結主義によって正当化され、帰結の妥当性／不当性については問われることがない。市場の機能は分配者の役割を排除してきたばかりか、分配的共同体をも解体してきたのである。

しかし、もっぱら個人の所有に帰せられる消費財はともかく、国家の役職や各種の公的サーヴィス、また安全な住居や土地など、はじめから特定の個人の権利や所有に帰せられるものではない「社会的な財」については、潅漑用水がそうであるように、まえもって、誰にどれだけ分配されるのがよいかを決めておかなければ、社会は運営できない。また、誰かが負担しなければならないハードな仕事——公益性のたかい清掃事業や危険性のともなう防衛事業など——も、あらかじめ分担方法を決めておかなければ、誰も従事しないことになってしまう。そうしたとき、その分配の規範となる正義、つまり「分配の正義」は普遍的・一般的に存在するのであろうか。周知のように、ジョン・ロールズは、どのような財の分配についても妥当する原理を超越論的に想定し、正義の第一原理、第二原理を定式化したが[7]、一方ウォルツァーは、分配の正義は分配される財の領域ごとに異なる——例えば、医療と公職とハードな仕事では分配の原理が異なる——ことを、「正義の諸領域」(*spheres* of justice) の名のもとで主張した。ウォルツァーは次のように言う。「異なる諸領域に適合している諸原理は、相互に調和することはないし、それらの諸領域が生み出す行為と感情のパタンも相互に調和することはない。福祉システムと市場、公職と家庭、学校と国家は異なる原理にもとづいて運営されているし、そうであるべきである。諸原理は同一の文化のなかで何とか適合していなければならない。また、それらの諸原理は人びとの諸集団にわたって包括的でなければならない。しかしそうは言っても、領域間の深い緊張関係と不揃いの並列を取り除くものではない」[Walzer 1983 : 318f.]。一つひとつの領域には独自の分配の正義が支配しており、それらを統括するオーヴァーアーチングな正義は存在しない、とウォルツァーは多元主義を擁護するのである。

教育も「社会的な財」の一領域として、独自の分配の正義——いわば教育にローカルな正義——に従うことになるが、ただ教育の場合、それ自体が分配対象となるとともに、その分配を受けた結果として他の領域の財の分配により多く、またより少なく与るという側面も有している。つまり、教育という財は、それ自体が分配される財であるばかりでなく、他の財を分配していく財でもある。それゆえ、教育の分配は、将来の社会全体の財の分配のあり方を見通した上で考えられていかなければならないのである。

(2) 結語、「規制された市場」再説

黒崎　勲が「規制された市場」を提起した時点で、すでに重要な論点が暗示されていた。本来規制から自由な交換の場である市場に、規制が課せられるべきだとすれば、誰によってか。それは「国家」を措いてほかにない、と特定化するとしても、そうしたケインズ主義的市場論への回帰は、それではその国家を誰が規制していけるのか／いくべきなのかという問題への遡及なしには、ポスト・フォーディズム時代の教育の分配問題の核心には到らない。一方ウィッティーは、「自由市場」から区別して、行政介入が強い市場のことを「擬似市場」(quasi-market)と呼び、それが、「教育を公的事項というより私的な財として定義し、教育の意思決定を市民の権利というより、消費者の選択事項とする」というイデオロギーを持ち込んでいることを指摘している[Whitty 2002：47]。この「市場」のイデオロギー性を解きほぐすためにも、市場の自己運動を見通して、制御可能なものにしていくことが重要である。(8)

公共性の哲学としてのリベラリズムの立場にたつ法哲学者の井上達夫は、「自由は特定のシステムに委ねていれば安全というわけではなくて、国家、市場、共同体という三つの秩序形成原理が緊張関係をもちつつ、その間の抑制均衡によって保障される」と述べて、三者の関係を「秩序のトリアーデ」と呼んでいる[井上 1999：89]。これを援用するならば、学校の設置、運営、管理などは、当事者(供給者と受益者)間の委託契約だけに委ねられてよいことではなく、そのトレードを、すべての人に公開されたものにしていくだけのミニマムな基準を、行政当局が設定しておく必要は依然としてあるし、また地域住民のコミュニティ意識に支えられながら、それぞれの特徴がにじみ出ていくように配慮する必要もある。そうすることによって、個々の学校は、自由な競争のなか

でも、特定の学校だけの〝一人勝ち〟を許さず、多様性をふくんだ学校制度のなかに包摂されて、全体として秩序を保つことができる。そうした秩序の形成にたいする国家の教育責任は依然として免れるものではない。

現代アメリカを代表する教育哲学者ネル・ノディングスは、「教育を受けるべきなのは誰か」（Who should be educated?）という問いは、教育哲学が解明しなければならない中心問題の一つであるとし、仮にこれに、それは「すべての人」（Everyone）であると応じるだけであるならば、論点回避以外のなにものでもないと指摘している［Noddings 1995 : 5］。もはや、かつての'Secondary Education for All!'の教育要求運動のような平等主義の言説だけでは、現代の教育供給の課題は終息していかない。教育という社会の「公共財」（public goods）は、それに与る者が増加すればするほど価値が逓減する「地位財」（positional goods）でもあり、社会的資源としての教育の配分にはプライオリティ（優先順位）に関わる問題、それゆえ道徳的問題がついてまわっている。したがって、どのような教育を・誰に・なにゆえ分配するのかの説明責任を果たす調整主体は、議論のなかから消去するわけにいかないのである。

註

（1）黒崎も市場の暴走に歯止めが必要であることを明言しており、「規制された市場」論を提唱している［黒崎 1997 : 390-1］。この論は、市場を誰が、どこまで規制するのか／できるのかという原理的問題に発展していく余地をいまなお残している。このことについては後述する。

（2）それを論じた例は数多いが、臨教審後のネオリベラリズム施策の展開に関する詳細な記述については［佐藤 2000］、規制緩和の二面性についての最新の指摘については［市川 2003］参照。以下、引用文をふくめてすべて

「ネオリベラリズム」と表記し、「ネオ・リベラリズム」「新自由主義」とはしていかない。

（3）国家と市場の外部に自立した市民による〝非営利的〟な公共圏の再建を描くことの必要性はともかく、それの現実性について、齋藤純一は、ハーバーマスが『公共性の構造転換』（1962）の出版から三〇年を経て出した著書『事実性と妥当』（1992）で描いた、自立的市民による「自由意思にもとづく非国家的・非経済的な結合」を批判的に検討しながら、疑問点を指摘している。齋藤によれば、「自発的に結社に集う諸個人」によるデモクラシーの再建は、「リベラリズムから共和主義（リパブリカニズム）への重心移動」にほかならない［齋藤純一　2000：32］。このリパブリカンの「結社」がリベラルな「公共的空間」とは区別されなければならないのは、「公共的空間における私たちの言説の意味は、その違いを互いに明らかにすることにあり、その違いを一つの合意に向けて収斂することにはない」という点、すなわち、意見・立場の多様性をどこまでもオープンにしておくという点にある［齋藤純一　2000：50］。

（4）いわゆる「学びの共同体」論に内在する問題点については、［宮寺　2003］参照。

（5）ウィッティーは近著でも、社会的公正を重視する立場を次のように重ねて強調している。「改革から、効率性ということや、ある受益者への応答ということにどんなに成果が得られても、それらの成果が公正にたいして有する意義についての懸念は払拭されない」と［Whitty　2002：53］。

（6）学校外学習時間に表われた二極化（〝ふたこぶ化〟）が、家庭の経済状態など外的要因を反映しているという教育社会学者の実証研究は貴重である。〝ゆとり教育（＝学校教育）〟は「家庭の影響力」の及ぶ範囲をいっそう広くしたという点で批判を受けて当然であるが、それの修正版で強調されている「確かな学力」「発展的な学習」などの学校教育の改善が学校外教育をふくめて教育改善になり得るかどうかは、疑問なしとしない［苅谷　2000］。

（7）第三章「平等理論と多様な能力」参照。

（8）「擬似市場」的な教育制度構想の実際とその問題点については、［藤田　2003］に周到な分析がある。

補論二　国家と教育
——アリストテレス『政治学』を読む——

(1)　テクスト

アリストテレスの『政治学』第八巻第一章は、独自の国家観から、教育の供給は公的セクターによってなされなければならない、という考えを、強力に展開したテクストとしてよく知られている。教育の私事化がトレンドになりつつあるこんにち、こうした国家主義的な教育供給論から読み取ることができるのは、どういうことであろうか。まずは、該当箇所を取り出しておこう[1]。

1337a11 さて、立法者は若い者たちの教育に特に関わるべきである。このことに異議を唱える者は誰もいないであろう。なぜなら、実際、このことが国家（ポリス）において実現されない場合、国家のあり方（国制）が損なわれるからである。というのは、若い者たちは、各々の国制に応じて教育されなければならな
a15 いからである。事実、各々の国制に固有の性格は、国制を守ることを常とし、また、国制を最初から打ち立てもする。例えば、民主的な性格は民主制を、寡頭制的な性格は寡頭制を。そして、よりよき性格は常

に、よりよき国制の原因なのである。さらには、あらゆる能力と技術について、それらの各々を働かせるためには、まえもって教育され、まえもって習慣づけられておくべき事柄がある。したがって、明らかに、徳を実践するためにも、同じことが当てはまる。

さて、国家全体の目的は一つである以上、明らかに、教育もまた一つであるべきである。すなわち、すべての人びとにとって同一であるべきである。そして、教育への配慮は公的なものであるべきであり、私的なものであってはならない。現在は、各人は自身の子どもたちについて私的に配慮し、何であれ、よいと思われる私的な学びごとを教えているが、そのようなやり方であってはならないのである。そして、公的な事柄に関する訓練もまた、公的なものとされねばならない。また、同時に、各人は次のように考えてもならない。すなわち、誰であれ市民はその市民自身に属するものである、と。そうではなく、市民の誰もが国家に属していると考えるべきである。なぜなら、各人は国家の部分であるのだから。そして、各部分への配慮は、自然に、全体への配慮に目を向けるものである。

こうした点から、ラケダイモン（スパルタ）人を賞賛する者もいるだろう。というのは、実際、ラケダイモン人は子どもたちについて最大限の熱意をもって取り組んでおり、しかも公的に（熱意を共有しつつ）、取り組んでいるからである。

公立学校は社会の共有財（コモン・グッズ）として維持され、共通学校（コモン・スクール）として機能してきた。義務教育の無償制、言い換えれば公費による義務教育の維持も、共有財・共通学校としての公立学校に関する人びとの合意のもとで成り立ってきた。その合意がこんにち崩れかかっている。

その兆候は、公立学校の無償制がメリットとはみなされず、むしろ有償の選抜的な私立学校の方が選ばれるケースが都市部で急増していることにも、表われている。アメリカ合衆国では、チャーター・スクールや宗派立学校への公費援助の合憲化にみられるように、公立／私立の区分も不明確になってきており、コモン・スクールの理念――それはアメリカの公教育の理念でもあったはずである――が問い直されている。

その一方では、公立学校の〝人気〟挽回策が、公立学校どうしの間での自由選択制の導入や、学習指導要領による「発展的な学習」の解禁などによって、図られている。しかし、そうした政策面による弥縫だけでは対処できない変動が、公立学校をめぐって起こっていることもたしかである。というのは、公立学校離れと私立学校への選好は、「教育は、将来にわたってどのような生き方をしたいのかの選択と同様に、それぞれの人の善き生の観念に従って選ばれるべきものである」という教育選択の私事化（プライヴァタイゼイション）ばかりでなく、教育供給の私事化、言い換えれば民営化によっても促されているからである。かつて「近代の教育原則」と言われた私事性原理によって、公立学校は、今や逆襲を受けているかのようである。

教育は誰によって供給されるべきものなのか。国家による一律の教育供給が、「画一主義」の名のもとで手厳しく批判され、教育の達成水準が規制緩和（ディレギュレーション）の対象となり、また教育の財政基盤、とくに学級定員や義務教育学校の教員の給与システムも分権化（ディヴォルーション）の対象となってきている。そうしたいわゆる「教育の自由化」が教育改革をリードしている状況のなかで、教育供給にたいする公的責任、とりわけて国家の責任を問い直していく必要性が高まっている。

(2)　教育の私的供給

そのさい、アリストテレスのテクストを読み直すというアイデアはとっぴに思われるかもしれない。たしかに、「国家全体の目的は一つである以上、明らかに、教育もまた一つであるべきである」というアリストテレスの言明は、こんにちからすれば時代錯誤の国家主義とも受け取れる。しかし、「教育への配慮は公的なものであるべきであり、私的なものであってはならない。現在、各人は自身の子どもたちについて私的に配慮し、何であれ、よいと思われる私的な学びごとを教えているが、そのようなやり方であってはならないのである」というアリストテレスの言明は、こんにちの教育状況を対象化するテクストとして充分意義をもっていると言えよう。アリストテレスのテクストは凹面鏡のようなもので、その前に立つと、今日の教育状況の転倒した像がくっきりと映し出されてしまう。

アリストテレスのテクストを、こんにち的な教育状況を踏まえて読み直そうという先行研究は、既になされている。ランダル・カレンの『アリストテレス―公的教育の必要性―』(Curren, R. R. *Aristotle on the Necessity of Public Education*, 2000.) がそれである。同書でカレンは、先に引いた「国家全体の目的は一つである以上、明らかに、教育もまた一つであるべきである」という言明の「教育は一つであるべきだ」という平等原則を「コモン・スクール」の正当化原理として位置づけた上で、そうした正当化がこんにちなお支持され得るかどうかを議論している [Curren 2000 : chap.7]。教育の平等な供給を確保しようとすれば、もう一度国家の役割に重きを置かなければならないのであろうか。反対に、教育供給の私的セクターの拡大を許しつづけていくならば、今後の社会のあり方にどのような道徳上の問題を残すことになるであろうか。

そうした焦眉の問題に、アリストテレスが直接答えを出してくれているわけではない。しかし、自己選択と自己責任で私的に処理されてきている教育のあり方を、もう一度公的な責任、いや国家の責任として捉え返していく必要性は増してきており、この意味でアリストテレスはいまが出番ではないか。

(3)　コミュニティと国家

人間を「ポリス的存在」とするアリストテレスの周知の見方は、こんにち、様々に受け止めることができる。「ポリス」を単純に「国家」と直訳するのを避けて「コミュニティ」と意訳し、人間のあり方をコミュニティ的存在と規定しなおすのも、一つの受け止め方と言えよう。これによって、アリストテレスのテクストを現代の状況に近づけて読むことができるばかりか、テクストにふくまれる国家主義的偏向を洗い流すこともできるかもしれない。しかし、コミュニティ的存在をどのようにみるかをめぐり、ふたたび多様な受け止め方ができてしまい、それから新たな論点が現れてこよう。

「コミュニティ」とは、近隣のコミュニティ・センターがそうであるように、利用したければ利用でき、所属したければ所属できるこしらえられた機関を指しているわけではないであろうが、反対にまた、アリストテレスが言うように、「市民の誰もがそれに属し」、「各人はそれの部分である」ところの全体、それゆえ誰もその外部に立つことができない全体を指すことも、もはやないであろう。現代人にとって、コミュニティは利用の対象ではあっても、みずからがそれの所有物になることはない。コミュニティへのメンバーシップ（成員性）は、かつてルソーによって「人間にも市民にもなれない」と断じられた往時の現代人以上に、現代の現代人にとってアンビバレントである。それは個人の善き生の構成要因というよりも、選択的な付加要因に過ぎない。

コミュニティへのそうした選択的な構えからすると、アリストテレスのテクストにみられる言明、すなわち、「国家全体の目的は一つである以上、明らかに、教育もまた一つであるべきである」という言明にふくまれる「国家」は、現代的な語感からすると、そう簡単には「コミュニティ」に置き換えられない面があるように思われる。というのは、単に、「コミュニティ」の指示範囲をそこまで拡大することへの違和感からだけではない。コミュニティが教育の供給者として、国家に代わりどれだけの正当性を主張し得るかという、いっそう解答困難な問題が横たわっているからである。仮に人間をコミュニティ的存在であるとみなすとしても、そのことから、コミュニティがその成員に供給する「教育もまた一つであるべきである」という帰結にはならないであろう。コミュニティは、何の名のもとで教育の供給を正当化しうるであろうか。「公共性」の名のもとでか。

たしかに、産業や福祉の世界をはじめとして、社会のさまざまな部門で、「公共性」が価値として再認識されている。この傾向は、これまで国家のプランニングとコストで維持されてきた各種の事業が、私的に運営される事業に切り替えられていることへの危機感から、近年急速に促されているが、その底流には、国家による統治ないし管理に回収されない「公的なるもの」独自の存立を擁護する議論があることは明らかである。教育の世界では、とりわけ国家による教育支配への抵抗は根強く、教育を国家の権力支配から独立した自立的（であるべき）事業として擁護する議論が現代教育理論の底流にはある。「公教育」という観念自体が、「国家教育」との対比においてこんにち成り立っている。

「国家教育」という観念への警戒は、一九世紀以来国家が教育を民衆支配の道具としてきたという歴史的・経験的事実を踏まえたもので、それ自体には充分理由が認められよう。反面その警戒心は、かならずしも、教育と国家との関わりに関する論理的・本質的な真実から抱かれたものではない。この側面に関する哲学的な探究は、歴史的な事実の解明の前に沈黙してきている。それにたいして、アリストテレスのテクストがわたしたちに問いかけるのは、国家なしで教育のあり方を正当化することが本当にできることか、ということであった。

教育は国家が配慮すべきものであって、個人が私的に配慮すべきものではない、というアリストテレスの主張の前提になっているのは、言うまでもなく、「国家（ポリス）の目的は人が善く生きることである」（1280b）という独特の国家観である。人の善き生は、他の人びととの多様な善き生との結び付きのなかでしか実現できないのであり、その相互的な結び付きの場が、アリストテレスによれば国家にほかならない。それゆえ国家は、単に市場の失敗を補完する代行者でもなければ、自治体間の格差を最小限に止めようとする標準値保証機構でもない。教育と国家との関係は、本来、そうした制度上の関係以上のものであるはずだが、その点を、リベラリズムばかりでなくコミュニタリアニズムもまた、まだ充分には探究し尽くしていないのではないか。「国家と教育」の問題が改めて問われなければならない時代にわたしたちは今いる。

註

（1）訳出は、片山勝茂氏＝学術振興会特別研究員に依頼してなされた。

第七章　リベラリズムと変貌する国家

――公共性・他者性・多元性――

ジョン・ロールズの正義論が社会的弱者の利益を最大化する「福祉国家」を国家の理想型として提出していたことはよく知られている。それとの対照で、リチャード・ローティのプラグマティズムはどのような国家を理想型として提出しているのであろうか。

ローティはプラグマティストの〝希望〟としてしばしば「グローバル・コミュニティ」を語っている。たしかにそれは現存する国家を相対化し、諸国家を包摂する「世界共同体」の枠組みを提示するものとされよう。しかしながら、この構想はカントにみられるような啓蒙理性の構成物としての理想国家にたいする批判以上には、積極的な内実をもっていない。なぜ国家が必要とされるのか。国家は、個人の親密圏と人類の共栄圏との中間地帯に、どこまで独自の存在理由をもつことができるのか。

この点、つまり国家論の争点について、ローティのプラグマティズムはそれほど明確に主題化していない。というより、国家論を主題化しないところにローティのプラグマティズムの政治的なスタンスがあるのであり、それはローティが師と仰ぐジョン・デューイが、生活物資の生産と消費を直接依存し合う地域共同体から、交通と通信により結ばれる広域の経済圏をへて、国家と国家との間の交易に展開していき、最終的には地球の裏側の人びととも利害を共有していくというような、コミュニティの同心円的拡大のなかに国家の存在を系列化していくのと大きな違いはないようにみえる。交通網の整備と通信手段の整備が「地球を狭くしている」という一〇〇年前のデューイの認識は、「有効性」というプラグマティズムの審級のもとですべての基礎付け主義に無効を宣言する、ローティのものでもある。

1　ローティと国家

こんにちの日本の論壇で、リチャード・ローティの議論を擁護し救い出すのは至難の技である。とりわけ、文化〈左翼〉批判とアメリカの誇りを語り出してからのローティ、つまり、おおよそ一九九〇年代以降のローティには、幾重にも包囲網がめぐらされ、どのように救出を企てても、脱出口のところで元に連れ戻されてしまう。例えば仲正昌樹によれば、啓蒙理性の普遍主義による社会構想が形而上学であると批判するローティは、自分自身「『アメリカ』それ自体を形而上学的に理想化」してしまっているとされている［仲正 2001］。また北田暁大によると、ローティはプラグマティズムを「立場をとることを拒む」思想であるとしながらも、ローティ自身のプラグマティズムは「《思想なき思想》の絶対化」に陥り、「愛国心と共振」するまでになっているとされている［北田 2001］。九〇年代以降、ローティによる形而上学批判はそれ自体が形而上学化し、ローティが依拠する《思想なき思想》としてのプラグマティズムも絶対的な思想と化しており、結局ローティはアメリカのインスティテューション（制度）とコンスティテューション（体制）にたいしてラディカルな批判的スタンスを築くことができずに、かれの議論もアメリカニズムに収斂してしまっている、というのである。このように、こんにちの日本の論壇でローティは、現代アメリカの進歩的知識人に内在するアメリカニズム的体質を暴きだす絶好の検体として扱われている。

そうしたアメリカニズムへの顕著な傾斜があるにもかかわらず、アメリカのアフガン攻撃直前に公表された六〇名の知識人たちによる悪名高い宣言文『われわれは何のために戦うのか』（*What We're Fighting For*）の署名者のなかに、ローティの名はみえない。テロリズムへの〝ジャスト・ウォー〟を正当化する同文書は、フクヤマやハンティントン、モニハンらの右派系論者はともかく、左派系と目されていたウォルツァーまでもが署名者に名を連ねていて話題になった。しかもウォルツァーは単なる署名者の一人に止まらず、かれの「正戦論」が宣言全体の基調にもなっている。

「すべての人間は自由に生まれ、尊厳と権利において平等である」・「社会の基礎的な主体は人間である」など五項目にわたる「普遍的原理」を護るためにわれわれは戦うのだ、とする『宣言』にローティが安易に同調しなかったのは、「原理」に訴えて事に当たる思考習慣を基礎付け主義として退けてきたローティの来歴からすれば、当然といえば当然だが、それでもやはり、思い止まらせる何かポジティヴな拠りどころがあったからに違いない。それは、アメリカ社会＝国家体制の擁護を、共同体に本来的なメンバーシップの排他的確定――それがなされなければ共同体は存続しない――から説明してしまうウォルツァーのような共同体主義者にはない何か、、、しらであるう[Walzer 1983：chap.2]。一言でいえば、それはメンバーシップの確定にできるだけの自由度と効用性を残しておこうとする構え、つまりリベラリズムとプラグマティズムへの格別の思い入れである。この点において、ローティのアメリカニズムへの傾斜は――〝失われた一〇年〟を挟んでアメリカ知識人に広くみられる同じ動向の内部にあるとは言え――差異化を図っておかねば公平とは言えないが、そのリベラリズムとプラグマティズムとの重み付けの違い、ないし位置関係もなし崩し的に変化してきており、問題はいっそう入り組んでいる。アメリカニズムがその思想的基盤としてリベラリズムを手放し、プラグマティズムに一方的に依存していく傾向が共和党現政権下での一過性のものでないとすれば、これまで「アメリカニズム」は単なるナショナリズムを意味しないとされてきたのとは裏腹に［古矢 2002］、アメリカニズムはもはやナショナリズムから識別する指標を見出せなくなるであろう。以下は、ローティのみならず、九〇年代以降アメリカ知識人が回帰しているアメリカニズムという一種の国家論、とりわけその思想的基盤としてのプラグマティズムを相対化していくための立脚点として、リベラリズムの論点を三つの側面から再確認し、リベラリズムの射程を見定めていく試みである。その前に、リベラリズムとプラグマティズムとの位置関係の変化について、ローティに即してもう少し追跡していくことにしよう。

2　アメリカニズム・リベラリズム・プラグマティズム

(1)　リベラリズムと「連帯」

それを「アメリカニズム」と呼んでしまうと、このブランケット・ワードで覆われた寝台の上で妖しく縺れ合う二つの肢体の戯れが、あたかも一つの生き物の蠢きのように受け取られて、なんともグロテスクな光景である。いわゆるアメリカニズムが、その名が示す通りユニタリアニズムでありながら、同時にユニヴァーサリズムとしてグローバル化し得ているのも、ブランケットの内側で、アメリカ土着の思想と言われるプラグマティズムと、自己の善き生をも相対化していく普遍思想のリベラリズムとが交合し、アメリカの世界戦略に向けられる矛先を〝悪の枢軸〟などの名で払い除ける正義の枠組みがつねに産み落とされてきたからである。とりわけローティは、プラグマティズムを拠りどころとしながらも、それが個別利益主義・現実即応主義に流れてしまうのをリベラリズム（「アイロニカル」なリベラリズム）によって必死に食い止めてきた。それは、みずからの議論に向けられる相対主義批判に、過剰なまでにディフェンシヴな姿勢を採ってきていることにも表われていよう。ローティにとって、反哲学主義、反歴史主義の批判は容認し得るものであっても、相対主義の批判だけはどうしても受け容れがたいものであった。

とはいえ、あらゆる「原理」のマントラからの脱呪術化を企図するローティにとって、原理なしでの人びとの繋がりと結び付き（「連帯」）を可能にする枠組みは依然として課題でありつづけている。例えば、シュクラーの「恐怖のリベラリズム」に依拠しながらローティは他者の「残酷さ」への共感を人びとの結び付きの基盤としているが、他者の残酷さどころか、自己への残酷さの極みである〝自爆〟をも厭わない人びとの存在を対置すれば、「残酷さの回避」も一つの原理として相対化されてしまおう。もちろん、それは啓蒙理性の普遍的原理による連帯とは異質ではあるが、その差はもはや絶対的な差ではなく、知性レヴェルの原理に訴えるか、感情・感覚レヴェルの原理に訴えるかの差に還元され、後者が選択されるのも、より多様な立場の人びとの連帯を可能にしていくれると考えられたからにほかならない。

一九九〇年代に突入する寸前に書かれた文章で、ローティはなお、

「（1） 真理の試金石は、自由な議論だけである。

（2） 自由な議論は合意へと収斂するのではなく、その反対に、新たな語彙を増殖させ、また、〈どの語彙を使用すべきか〉ということに関する際限のない議論を増殖させる」［ローティ 1988 序文］

という二つのテーゼの調停をみずからの課題としていた。収斂していくことのない自由な議論と語彙の増殖は、哲学的な分析によって決着が図られるというよりも、立場間の多様性をふくんだまま政治的な連帯にこそ導かれていく。その連帯も、普遍的原理にもとづく個と全体との融合である必要はなく、個と個のつながりの累積とし

て展望されていた。

(2) プラグマティズムと「共通性」

そのローティが二〇〇〇年一月の日付のある文章では、一段とジョン・デューイに寄り添いながら、「政治的立場は、その政治的立場が訴えている原理によるよりも、むしろその政治的立場がもたらす結果によって正当化されることができる」と述べ、プラグマティズムへの加担を加速させている［ローティ 1998（2000）序文］。多様な立場からなされる議論がもたらす「結果」に正当化が委ねられるのは、むろん市場主義に同調しているからではない。それは立場の多様性を許容するリベラリズムの枠組みが維持されるべきものとしてなお存在しているからであり、その枠組みの範囲内では「結果」に正当化が委ねられるからである。しかし問題は、ローティのリベラリズムでは多様性がどこまで許容されるのかである。『アメリカ 未完のプロジェクト』（1998）でのローティの力点は、前述の一九八八年の時点に見られた自由な議論と語彙の増殖を重視する立場から明らかに後退して、「共通性」の積極的な確保へと移っている。「多様性」の擁護から「共通性」の確保への意識転換は明白である。ローティは文化〈左翼〉を批判する文脈で次のように言う。

「もし文化〈左翼〉が現在の戦略——相違に注目するのをやめるよう私たちに求めるよりも、相違を認めて互いに尊敬し合うことを私たちに求めること——に固執するならば、文化〈左翼〉は、国民国家政治のレベルで共通性の意識を創造する新しい方法を見出さなければならないだろう。」［ローティ 1998（2000）：108］

このようにローティは、「他者性を無視するよりも他者性を存続したがっている」文化〈左翼〉にたいして、それなら他者性と両立する共通性の枠組みを描いてみせられるのか、と居直って詰問する［ローティ 1998（2000）：107］。しかもその枠組みは、単なる狭い親密圏の内部で描かれるだけのものではなく、国民国家レベルで描かれるものでなければならない、という付帯条件が添えられている。文化〈左翼〉にはこの課題の達成は不可能だ（と言うより、この課題との対決を避けている）とみるローティ自身は、国家的規模での共通性の再建を〝教養〟や〝リテラシー〟の確保に託すシュレージンガーJr.とハーシュのリベラリズムとも、距離を置いている。かれらは他者性を存続したがっているというよりも、端的に他者性を無視しているからである［シュレージンガーJr. 1991（1992）：ハーシュ 1989］。そこでローティは文化〈左翼〉への居直り的詰問からアメリカのプラグマティズムの伝統へといっきに駆け下りていくが、そのとき普遍思想としてのリベラリズムもその伝統の内部に包摂していき、リベラリズム本来の自己相対化的批判機能を抜き去っている。それは、人格主義者ホイットマンと超越主義者エマーソンをデューイの先駆者とみなし、二人の先人の理想主義的発想をもっぱらデューイの現実主義的社会改良思想と直結していっていることにも端的に表われている［ローティ 1998（2000）：104］。エマーソン、ホイットマン、デューイのアメリカの知的伝統の系譜によって、共通性の枠組みの既成事実が語られていくのである。

こうしたプラグマティズムによるリベラリズムの包摂——それは思想史的にみてもきわめて強引な包摂であるが——は、アメリカニズムの歴史主義的正当化を加速させており、それが共通性の枠組みの支えとなっている。それだけに、リベラリズムの立脚点を改めて打ち固めていく必要が今増している、と言わなければならない。というのは、他者性と両立する共通性の枠組みの構築こそが、リベラリズムの課題とされてきたことであり、この意味で前述のローティの居直り的詰問はリベラリズムの真価を問う試金石にも相当し、これにポジティヴに応えていくことができなければ、「結果」ですべてを正当化するプラグマティズムに呑み込まれて、アメリカニズムはどこまでもユニタリアニズム、いやナショナリズムに収束していくよりほかないからである。

3　リベラリズムの論点 一 ―― 公共性

(1)　公共性と共同性

リベラリズムの立場からすれば、「自由である」ことの要求は権利を基底とする議論だけでは正当化されない。そうした自己正当化だけではなく、正当化の拠りどころを外部に求めていくことも必要とされる。数年前相次いで上梓された二著、『他者への自由』（井上達夫著、創文社、一九九九年）と『弱くある自由へ』（立岩真也著、青土社、二〇〇〇年）は、含蓄のあるそれぞれのタイトルでリベラリズムの基本的スタンスを言い表している。自由の要求は、自分自身についてだけでなく他者についても、とりわけマイノリティーや弱者をふくめて多様性に向かって普遍的に適用されていくものでなければ正当化されないのである。正当化されないばかりか、個人の善き生のあり方としても正しい要求とはならない。道徳哲学者のジョセフ・ラズは、他者にたいして保障すべき自由を自分自身の自由の一部分、しかもその本質的な構成部分として位置づけ、自律性を志向する他者への支援を「卓越主義的リベラリズム」の名のもとで正当化した［宮寺 2000：112ff.］。個人の自由の要求は自由の相互的な保障のなかで実質化するのであるから、自由な他者との結び付きは公共性の構築という課題と密接に関連している。しかしその一方、他者との結び付きが多様な他者との結び付きへと開かれていかず、他者の資格認定を介して共同体の強化・再建へと閉塞していく可能性もつねにつきまとっている。リベラリズムの公共性論は、何よりもこの共同体への他者の回収というアポリアにたいして、その射程を確認していかなければならない。

共同体は、個人の意識と生存に先立っており、人は気がついたとき、すでにそのなかで特定の生き方と思考様式を成型させられている。伝統的に、家族と地域共同体がそれの原型とされてきたが、現代において共同体は、いわゆる運命共同体としてそこにあるものだけがすべてではない。人びとがそこでアイデンティティを確立し、そのなかに帰属意識をつなぎとめる共同体は、同時にその上で人びとが独創的な役割を演じていく舞台でもあるのが現代である。人びとはそこで代役を演じたり、舞台を掛け持ちしたりすることもできる。個人の善き生全体を生涯にわたって規定する共同体の存在は稀薄になっており、共同体からの離脱もそれほどの重大な決意をともなうものではなくなってきている。要するに、これまで「共同体」の名のもとで指されてきた集合体は、生まれ落ちる家族など選択の余地のないものを除けば、個人が取捨選択できる相対的な実体としてわたしたちの前に差し出されているのである。しかし、それにもかかわらず、個人と共同体との規定関係は反転させて考えていけるものではない。というのは、個人の選好や選択意思自体が共同体のなかで一定の年月を経て培われてきたものであることは、依然として消し去ることのできない事実でありつづけているからである。

この意味で、再建されるべき公共性は、それに参画する人びとがそれぞれの共同体のなかで培われてきた特有の思考傾向を内にふくんでいる。別の角度から言えば、「公共性」の名のもとで再建が目指される共生社会自体が、独自の原理（例えば「差異の尊重」や「寛容の精神」など）を「共通性」の枠組みとする新たな共同体として生成していく可能性もある。公共性と共同性とはたがいにふくむ／ふくまれるの入れ子状の概念関係にあるのである。

(2)　公共性と私的原理

こんにちリベラリズムの公共性論への期待がふくらんでいるが、その期待感にはある種の既視感がともなっている。それを誘い出しているのは、今から五〇年あまり前、敗戦後の日本の思想界をリードした市民主義の社会科学——丸山眞男、大塚久雄の名前とともに想起される——である。それは、共同体＝「超国家主義」への批判を、それが長く弾圧してきた個人主義の復興によってではなく、「独立自営のヨーマン」を塑型とする市民層の創出によってくりひろげた新興の社会科学である。そこにおいては、市民はそれぞれの共同体から自立した人間類型とされていた。そうした人間類型の創出は、やがてこれからの社会設計――「市民社会」として語られた――の前提に置かれるようになり、その前提の上に築かれる社会科学には当然多くの負荷がかけられることになった。社会の担い手は、かつてアダム・スミスが想定したような、人間としての様々な属性を剝ぎ取られた〝自己利益的経済人〟ではなく、新生日本を民主的な社会につくりかえていくために、社会の構成員として、社会の建設に責任を分有していくべき主体性をもった人間、つまり市民（シティズン）でなければならなかった。この半世紀前の市民社会論に、中野敏男は現代の公共性論の原型をみている。

中野は、人びとを民主的社会の建設に主体的に参加させていく市民運動を、「動員」という概念によって批判的にとらえ直し、それは全体としては共同体＝国家に回収されていく運動としてしか機能しないとしている。それによって中野は、かつての国家による総動員体制との切断の上で展開されていたはずの丸山と大塚の市民社会論もまた、国家の下支えをしていただけであると論じている［中野 2002］。中野の批判の対象は、こんにちの非営利的で自発的なヴォランティア活動にまで及んでいるが、そこまでを射程に収めて「動員」を考えていくとすれば、小田中直樹が述べているように、「これによって同時に、主体性が動員に回収されるメカニズムを探る、あるいは『参与する近代性』がナショナリズム以外にむかう可能性を問う、という営みの余地はなくなってしま」［小田中 2002：319］うことになる。小田中は、中野のこうした視野閉塞的な発想に、「社会システム論やフーコーの権力論の影響」を推察している。社会システム論の方法からすれば、社会体制内のすべての運動、もちろん反国家的な運動をふくめてすべての運動は、システムの一環でしかなく、メビウスの輪のなかに閉じ込められてしまう。

加藤典洋は、佐伯啓思ら新保守主義の論者が唱えるシヴィック・デモクラシーの議論、すなわち、「公共性とは私利私欲を排したところに成り立つもの」だとして、公共性の再建のため市民の育成にバイアスをかけていく議論に反対し、次のように明言する。「わたしの考えでは、公共性は私利私欲の上にこそ築かれなければならない。これこそ、近代が、その起点でぶつかった最大の課題の一つである。そして、それは同時に、日本の戦後がその『ねじれ』をへてさしだしている、あの世界普遍性の問題、近代の『壊れ』の修復という問題からくる、わたし達の課題でもあるのである。」［加藤 1999：232f.］

加藤は、私利私欲、つまり私的原理に従って動く世俗の経済社会を〈市民社会〉と表記し、それにたいして公共性という関心を共有する市民がつくる政治的空間を「市民社会」と表記して区別し、その上で前掲引用文にあるように、〈市民社会〉の上にこそ「市民社会」は築かれるべきだとした。近代の市民社会は、いわば絶対値としては存在し得ないのである。市民社会は現実には、符号が付されて〈市民社会〉と「市民社会」とに分裂して存在してきており、この意味での「近代の『壊れ』の修復」は近代の始まりから課題とされてきた。ただ日本の場合、国家レヴェルにしろ、地域レヴェルにしろ、共同体へのインテンション（志向性）が抜き難くあり、そのため〈市民社会〉と「市民社会」の分裂は意識にのぼりづらく、社会形成の課題は市民育成という「教育」論の課題にすりかえられがちである。しかし、近代の始まり以来の教育の課題を、市民社会の分裂を見据えて再定置していくならば、教育は、「市民社会」の構成員の育成という側面からだけではなく、〈市民社会〉にたいする人材の供給という側面からもみられなければならない。一方の側面は教育の普遍的理念に、もう一方の側面は教育の現実的機能に対応するが、この二元的な教育課題を「人間形成」などという一元的な言説によって整合的に展開しようとしてきたのが近代の教育理論である。

加藤の言う〈市民社会〉、つまり経済社会は、ただ私利私欲の私的原理によって無定形に動いてきたばかりではない。それは私利間の競合と対立を調停する国家の関与を呼び込んだり（修正主義や福祉国家論）、イデオロギーによる操作によって方向づけられたり（社会主義）してきた。しかし現代は、そうした「国民国家とイデオロギーをすべて『相対化』」［加藤 1999：237］してしまう自律的な力によって、一元的に支配されている。それが『市場』の力」である。この〈市民社会〉の市場社会化にたいして、新保守主義の側から描かれる「市民社会」像は、公共性の再建を私的原理の〈市民社会〉の上で果たしていこうとはせず、公共性を共同体主義に直接結び付けてしまっており、その結果、市場社会のなかでみずからを閉ざした根拠地を築くことで満足してしまっている。

加藤の関心の核はこうである。「公共性を構築する上で、なぜ私利私欲を否定すべきではないのか」［加藤 1999：294］。共同性の崩壊の後に再建されるべき近代の公共性は、「ポリス的存在」としての人間本性という虚構の上に築かれるものではなく、共同性の崩壊とともに解放されてしまった人それぞれの私利私欲の上にこそ再建されなければならない、と加藤は言う。この課題を、加藤はルソーの『社会契約論』の言葉を引きながら、「悪から薬をつくりだす」ことだとしている。

丸山眞男に代表される日本の戦後民主主義者の議論は、市民主義のそれ、つまり公共的市民主義の民主主義を擁護することであり、そこには人間の本質を〝社会的存在〟とするアリストテレスにまで遡ることができる理念が前提にされており、個人の私的原理は否定されなければならない、という理解が共通了解とされていた。それにたいし加藤は、ポリスから個人を解放し個人の私的自由を目いっぱい保障したのが近代であり、近代における公共性の構築も、この私的原理の上に達成すべき課題であるとする。ホッブズはこの課題に、リヴァイアサン＝国家の強権をもって臨んだが、それは私的原理を否定すべきものとみたからではなく、逆に否定しきれないものとみたからである。ルソーは、それぞれの人は個別意思をもち、社会全体の決定は個別意思の総意でなされるほかないと認めたからこそ、そうした私的原理で書き込まれていく社会をあらかじめ一般意思で〝初期化〟し、決定ルールを〝インストール〟しておこうとした。近代において公共性は、私的原理の上に構築されるほかないのである。それにたいして、丸山は公共性を市民主義のなかから〝引き出して〟おり、そうした丸山の民主主義論を加藤は吉本隆明とともに「擬制民主主義」と呼ぶのである［加藤 1999：292］。

(3) リベラリズムと共生社会

それでは、公共圏の自立した運動に期待をかける公共性論は、国家なるものの存在をいったいどこまで消去しうるであろうか。――この問いは、NGO、NPOなどの市民型のヴォランタリーな運動にたいする国家の支援、とりわけ財政支援の必要性だけを念頭においた問いではない。市民の自由意思で築かれる公共圏もまた、それ自体の統制原理が必要なはずで、それがどこから得られるのかという問題は回避できない。市民の自由意思に任せる、と言うだけでは問題は解消しない。市民の意思は多様であって、一人ひとりの意見や立場には食い違いや対立があり、運動はつねに多様性をふくんでおり、また多様性の存在を保障していかなければ自立できない。

前述のように、わたしたちは帰属すべき共同体を選ぶことができる時代に生きているが、しかしその選択意思自体はそれぞれの共同体のなかで形成されたものであることを免れない。「共同体」を「文化」に置き換えてもよいであろう。文化の本質はそれぞれの固有性、特殊性にある――この意味で「普遍文化」という表現は背理である――とすれば、「一般教養」だとか「人間形成」だとかの名目で語られてきたリベラリズムの教育理念も、教育内容にまで具現化していけば、個別文化のなかでしか成り立たないことがはっきりする。共生社会の建設も、それに参画する成員の形成を共同体の個別文化に委ねるほかはない。しかも成員がもたらす文化の多様性は、共生社会の「社会」としての同一性を不確定なままにするばかりでなく、社会的な決定手続きをはじめとする社会の枠組みをも再構成させつづける。現代イギリスの教育哲学者テレンス・マクローリンが、宗派学校のような分離学校（separate school）にたいする公的支援をまさに「リベラリズム」の名のもとで擁護するのも、リベラリズムは、すべての共同体の文化と利益からニュートラルな立場とみなされるべきではなく、多様な善き生の形成が共同体に委ねられていることを認めた上で、それらを包摂する社会的枠組みの持続的な構成に人びとの参加を可能にする知識と態度の育成を、公的責任とする立場である、とみなしたからである［McLaughlin 1992］。

そこで、「多様性の価値」としてどこまでが受け入れられ、どこからが拒絶されなければならないかの見極めが不可避となる。その価値判断に文化的なバイアスがかかることは避けがたいが、それを最小限に止めるために、規範的原理として公共性が立てられるのである。つまり、公共性は共同体、およびその個別文化にもとづく価値判断を相対化し、未知なる他者をもふくめて全体的立場からの判断を促していく規範的原理なのであるが、今問われ、またこれからの時代に問われていくのは、公共圏の秩序維持に責任を分有しようとはしない構成員、いな、公共圏の秩序を乱してまで自己の存在を誇示しようとする人にも、リベラリズムはリベラルでなければならないか／どこまでリベラルでなければならないか、というリベラリズムの感度ないし閾値に関わる問題である。仮に、公共圏を護るために参加資格を強化していく——たとえば「シヴィック・エデュケーション」の名のもとで——ならば、他者性にたいする感度がにぶって公共圏はしだいに閉じられた空間となり、リベラリズムを名乗る閾値を越えてしまうし、逆に制約なしで人びとの多様性をそのまま受け入れていけば、公共圏を維持していくことが困難になってくる。こうしたパラドキシカルな論点は、ジョン・S・ミルの時代からリベラリズムの本質を規定していくさい思考実験としてしばしば取り上げられてきた。リベラリズムに不寛容な者にたいしてリベラリズムはどこまで寛容でなければならないのか、というジレンマの克服はなお課題として残されているのである。

4　リベラリズムの論点 二――他者性

(1)　他者性の構成

道徳的思考の起点を、一人ひとりの個人の自律性の尊重に求めるリベラリズムの立場からすれば、近年はやりの「他者性」論は、なにもいまさらの観がないわけではない。共同体主義の立場からしても、「他者性」論の射程は共同体的存在としての人間の再確認を超えるものではない。そればかりか、「他者性」論は、人間の共同体的存在をもっぱら他者への応答責任の面からのみみており、自己と他者がそのなかにともにふくまれる共同体の先在から出発していない。その点で「他者性」論は、人間と社会・国家の関わりについての社会哲学的視座（「ポリス的存在」としての人間という視座）を矮小化している、とも受け取られよう。

いや、そういうことはない、と「他者性」論者は次のように反論するであろう。――リベラリズムの立場にみられるように、近代の道徳的思考はみずからの起点を無前提に、いわば定言的に据えており、個人の自律性がそのなかで成り立つ枠組みを問い直すことがなかった。そのため、ムスリムのように自律性を道徳的思考の起点としない人びとにたいし、みずからが〝普遍的〟とみなす価値で抑圧する結果になっている。その露骨な表われは、テロリズムとの戦端を「自由の擁護」の名で開いたアメリカ合衆国ブッシュ政権のスタンスにもみられる。「他者性」論の意義は、こうした自己省察のモーメントを欠く近代の道徳的思考を、それにコミットしていない他者の眼で対象化し、相対化していくことにある、と。

言われる通り、「他者」はかならずしも反対者・対立者を意味しない。反対者は、資本家階級に対する労働者階級がそうであるように、同じ枠組みのなかで対峙しているに過ぎない。それにたいし他者は、近代の道徳的思考の枠組みをわたしたちと共有していない／共有できない者のことであり、だからこそ、他者はわたしたちを対象化していくモーメントになり得るのだ、と想定されている。

だが、こうした想定にはある種のジレンマが潜んでいる。それは、思考の枠組みの外にいる者のことを、枠組みの内側にいる者が一体どこまで公平にデザインしていくことができるか、というジレンマである。仮に人が枠組みの外部に他者の存在を想定するとしても、「他者」について思惟する限り、それはその人の思考の枠組みの内部、つまりコギトの内部においてである。卑近な例を引けば、かつて火星人のイメージはわたしたちに馴染み深い「蛸」のカリカチャーでデザインされたし、未確認飛行物体は今も「皿」（ソーサー）に擬《なぞら》えられて語られている。わたしたちの思考の枠組みの外部にいるから「他者」なのだが、他者の視点や他者が主張しそうなことを代弁しようとすれば、もはやそれは外部の発言とは言えない。外部の発言として内部の者が構成しているだけであり、″未知との遭遇″も″既知による構成″に頼らざるを得ない。問題は、なぜこれほどまでに自己対象化の役割を他者に託するのか、である。

その理由、というより動機ははっきりしている。それは、近代の道徳的思考の自明性を疑い、それを超える新たな道徳的思考（「ポストモダン」などの名でよばれる）を導き入れていくには、批判の根拠となる規範を近代の思考の内部に求めるわけにはいかないからである。こうした規範の外部化は、たしかに私たちの思考の枠組みを相対化していく第三者の視点――バーナード・ウィリアムズのいう「アルキメデスの支点」［Williams 1985：chap. 2.］――を提供し、それの限界を″客観的″に画してくれよう。しかし反面、支点（視点）自体が何によって支えられているのかという正当化問題を棚上げにし、問題の解決を文字どおり外部委託してしまう。外部はもはや正当化の権限も責任も及ぶ範囲内ではない（それは「外部」の定義的意味でもある）。しかし実際には、他者は内部の者によって密かに正当化が与えられている。他者は、不特定多数のなかから無作為に抽出される他者ではなく、内部の者によって聖別された特定の他者が「他者」の名のもとで登場しているのであって、他者の視点には内部の者の選好がすでに組み込まれている。つまり、論証されるべき論点は先取りされているのである。他者はつねに誰かにとっての他者、つまり分身なのであり、こうした恣意性の嫌疑から「他者性」論は免れていない。

(2) 他者性と超越者

他者が恣意的に想定されてしまうことの危険性は、こんにち看過することができない。というのは、わたしたちの社会の内部では自由が飽和状態に近づき、その結果「自由であること」の現実的な意義（つまり「自由であること」の有り難味）が実感できなくなり、「自由であること」「選択できること」が逆に指令される――「自由にせよ」「選択せよ」と指令される――ような〝ポストモダン〟状況のなかで、規範を外部に求めたがる精神的風土が醸成されているからである。言うまでもなく、その最悪の出来事がサリン散布事件であるが、大澤真幸はオウム信者のグルへの信従に関連してこう書いている。「自由は、もともと、規範の外部、規範の余剰に宿っていた。自由とは規範からの自由であった。だが今や反転が生じている。自由であること、勝手に快楽を追求すること、規範に対して逸脱的に振舞うこと自身が、規範になっているのだ。だが自由の規範化は、代償を伴っている。『自由たれ』という規範を十分に徹底させるためには、人は、ある条件をのまなくてはならないようだ。ある他者、ある指導者を、そのまったくの具象性において、純粋な超越者として受け入れること、その特権的な他者への無条件の服従が、それである。」［大澤 2002：223-4］

他者を正当化の範囲外に置く（つまり超越者として扱う）とともに、その他者によって個人の自律性の価値をも相対化し、市民を〝ポア〟の対象にさえしてしまう状況が切り拓かれてしまったこんにち、「他者性」論に危険がつきまとっていることは見逃せない。超越者は、べつに具象性をもった人格体でも、リヴァイアサンのように民意を支配する権力国家などでもある必要がない。個人の自由意思が総体として形成する自生的な市場もまた、超越者として現出している。

他者はわたしたちの理解を超える存在であるからこそ、「他者」なのである。わたしたちの理解を超え、わたしたちの思考の枠組みの妥当性を揺さぶり、相対化してしまう存在が他者であり、他者を私は、「私には理解できない存在」としてしか理解できない。同様に、私という存在も、他者には理解してもらうことができない存在であろう。それは何よりも、人がたがいに固有の行動様式や思考様式、さらに言えば、当人でさえアクセスできない無意識の機制をもつからである。池田晶子は、そうした「自分がそれであるところのそれ」をヤマカッコ付きで〈魂〉と呼んでいる［池田 1999：95］。

他者に存在の本源性、つまり〈魂〉を認め、他者をも「彼／彼女がそれであるところのそれ」を蔵する存在者とみなすこと、つまり他者性を認めることは、わたしの理解の枠組みにみずから限界を画し、自己相対化を図る効果をもち、そこから知的な誠実さばかりでなく、恣意からの倫理的な自由もまたもたらされるであろう、と期待されるかもしれない。しかし、ここで持ち込まれる他者性が超越者の立場の代替である限り、再び大澤とともに、「第三者の審級の不在による『自由』のデッドロックは、〈他者〉との関係を基礎にした〈自由〉によって超克される……か？」［大澤 2000：274］という疑問に立ち向かわなければならないであろう。

⑶　他者性と自我の解体

北田暁大は、リベラリズムとは自己と他者との関係を、あくまでも自律的個人の間の「契約論的」関係とみなす立場であり、この関係性を当然受け入れられるべきものとする前提の上でのみ成り立つ立場である、と言う。

この前提、つまり自律性の相互的尊重という前提を支えてきたのが近代の道徳であるとすれば、この関係性の外部に立つことによって、はじめて道徳的思考は近代のそれを超えて新たな意義づけが与えられるようになる、と北田は主張している。北田は次のように言う。「関係性の存在そのものへの尊重を指示する社会学的規範理論＝道徳とは、ルールを内備したゲーム、しかも、ゲームに参加すべしというメタ・ルールを受容した事実の忘却を構成員に強いるはなはだ不寛容なゲームである。この特異なルールは、関係性の《外部》を問うという問いをつねに誤変換するメカニズムを内蔵することによって、《外部》を不可視化する周到さを兼ね備えている。」［北田 2002：112-3］

北田にとっての問題は、内部のゲーム（道徳ゲーム）を支えているメタ・ルールを不可視化してしまい、それを問い直す回路さえも閉ざすことによって、内部の《制度》がいわば社会学的に成り立っていることである。他者に自律性を認め、他者との関係性を尊重せよと呼びかける「社会学的規範理論」に従えば、「わざわざ哲学的根拠＝関係性のテーゼなどを持ち出すことなく――ローティや立岩真也のように――私たちの日常的直観に訴えかける様々な悲惨を具体的に提示し、結果的に人びとが『他者を尊重しなければ』と感じるように仕向け（説得し）」ていけばよいことになる［北田 2002：111-2］。

しかし、こうした「他者性」論によって、近代の道徳的思考は自己省察のモーメントをどこまで取り戻すことになるであろうか。「他者性」論によれば、個としての自己は、相互理解が成り立っていないかもしれない他者との関係性のもとでしか、その主張ばかりか存在の正当化も主張できない。この意味で、「他者性」論は形を変えたソリプシズム（唯我論）にほかならず、自我が関係性に解体した不安に満ちたポストモダンの現代にこそふさわしい議論である。

5　リベラリズムの論点 三——多元性

(1) 多元主義の戦略

それでは、「リベラリズム」の名のもとでわたしたちが正当にできることは何であろうか。それは、わたしたち自身の思考の枠組みを広げる努力をどこまでもしつづけることであって、そうした永続的な努力自体を相対化するために枠組みの外部に出ていくことではない。これまでの枠組みでは収まらず、理解が及ばなかったような立場の者を、自分たちの社会の正規の構成員として位置づけていく努力を怠らないことである。やや抽象的な表現になるが、これまでよそ者とみられてきた人を身内の人とみることができるようになることである。それは同時に、これまで身内の人として同一視してきた者のなかに差異と個別性を見出していくことでもある。要するに、多様性（diversity）をこれからの社会の定義的特性と認めていくことである。この世の同じ場所に二人の人が同時に位置を占めることができないように、人びとの存在の複数性はこの世の見え方の複数性をも帰結し、誰の見解が正当かの決着については、たがいに「世界を・他者と・共有すること」（sharing-the-world-with-others）（アーレント）という枠組みを共有すべきものとした上で、意見（ドグマ）の交流を保証する場の持続に責任を分有していくよりほかはない。そうしていくためには、当然のことながら情報の収集・伝達・公開という教育機能の活用も必要になるであろう。

このようにみてくれば、「他者性」論が現実に効力を発揮することができるのは、多元主義の戦略、すなわち、対立する多様な価値観を抱えながらも社会としての枠組みを維持していこうとする多元主義（プルーラリズム）の戦略のなかにおいてである。かつて和辻哲郎は、「人間存在は無数の個人に分裂することを通じて種種の結合や共同態を形成していく運動である」［和辻 1935：15］と言ったが、この言葉の滋味は、和辻風土論に独特の民族主義への傾倒を差し引けば、まだ失われていない。他者を'the other'として外部に想定し、それにより内部の者の思考を自己対象化＝疎外していくのではなく、他者を'another'として、言い換えればもう一人の個人として遇していく。そうすることによって、「共同態」は閉じられた民族態として絶対化していくことが避けられ、つねに他者を受け入れていくその準備性を通して、開かれた公共空間として、しかも多様性によって豊かさを増していく空間として、存在しつづけることができるのである。

(2) 多元性と理性

こうした多元主義の戦略の有効性を、ウンベルト・エーコは、社会の枠組みの維持に関わる戦略としてだけではなく、個人のアイデンティティの保持に関わる戦略としても評価している。エーコは、アメリカにおける同時多発テロとそれに報復するアメリカの武力行使に関連して、一方ではアメリカのグローバリズム（いわばアメリカ原理主義）を批判するが、もう一方では、親イスラム派の論者にみられる文化相対主義をも厳しく斥けている。というのは、エーコにとって西洋の価値観にもとづく判断基準は、他者の基準によって安易に相対化されてしまうほど底の浅いものではないからである。エーコは言う。「判断基準の問題を解く鍵は歴史にはない。同時代にある。いま、西洋の文化について、称賛すべきことのひとつは、同一人物が、問題の性質に応じて、異なる、それも相互に矛盾する複数の判断基準を操ることもありうるのだと、はるか以前から気付いていた点にある。」［エーコ 2002：126］

エーコは、こうした「西洋の文化」に固有の複数性について、それは「自由で多元主義的であることこそが手放せない価値である」とする文化である、という註釈を加えるのを忘れない。開発推進と環境保護とを同一人物が唱えるなど、たがいに対立する価値基準を同時にもちながら、それらの使い分けによって築かれてきたのが「西洋の文化」であり、それゆえにこそ、「西洋の文化」は、みずからの判断基準にたいする反省と自己批判を本質的モーメントとして組み込んできた。こうした自己批判的モーメントを内部に有する限りで、「西洋の文化」はイスラムにたいして優越性を誇示し得る、とエーコはみており、「西洋の文化」として継承されるべきなのもこの点であるとしている。「学校が教えるべきなのは、私たちの感情的な同調を支える判断基準に分析を加え、議論にのせることだ。」［エーコ 2002：127］

判断基準の複数性は、現代社会が保有しなければならない定義的特性であるばかりでなく、その社会のなかで生きる一人ひとりの個人が身につけなければならない徳性でもある。多元的な価値基準のなかで、その都度どの基準が採られるべきかが「情念」（passione）によって決せられるのではなく、「理性」（ragione）によってこそ決せられるべきである、と考えるエーコは、人びとがみずからの判断基準に「分析を加え、議論にのせる」ことに期待する。こうした期待が、テロリズムとの戦争へと「情念」が先走ってしまっているアメリカに向けられているのは明らかであるが、「情念」に代わるべきものとしてエーコが示す「理性」の実体は、自己分析と論議という手続き的価値にほかならない。それが「西洋の文化」の枠組み内での価値にすぎないことは明らかで、エーコの呼びかけも、この枠組みの内部で生きる人びと、とりわけアメリカ人に向けられている。ただ、同じ「西洋の文化」に属しながらも、つねに他者と同居してきた旧大陸のヨーロッパ人と、共和国のコンスティテューション（体制）に他者を同化させつづけてきた新大陸のアメリカ人（戦時には日本人をディポートさえした〝実績〟をもつアメリカ人）との温度差は、感じないわけにいかない。

補論三　共通理性と教育

(1) 偏在する理性

ジョン・ロックの教育論（*Some Thoughts concerning Education*, 1693）には、「理性」（reason）という言葉が汎用されている。この言葉は、単に人間の本質を表わすときにつかわれるだけではない。生命や自然についても、社会や制度についても、思考や科学についても、信仰や倫理についても、広くつかわれる。どうやら、理性の住みかは、人間の魂のなかだけではないらしい。理性は、自然・制度・科学・宗教・倫理など、さまざまところに偏在しているようである。

見る・聞く・触れる・味わうなど様々な感覚をつらぬく感性の見識は、哲学では「共通感覚」（common sense）と呼ばれ、一般には「常識」と呼び慣らわされている。これに倣うと、様々な領域にまたがる「理性」の汎用性は、「共通理性」（common reason）などと呼んでもいいようなものを類推させる。誰かある人の行為について、それは理性にもとづいている（つまり合理的だ）などといわれると、わたしたちは、幾何の証明問題に理にかなった解法があるのと同じように、何かしら人為を超える当為や法則性をそこに感じてしまう。あたかも理性は、万物を統べる創造主が、人の内部に組み込んでおいた概念装置のようなもので、それがあるから、被造物のなかに創造主の作意が読み取れる。それがはたらくから、さまざまな領域のことがらがバラバラではなく、何かしらつながりのあるもののように映る。現実界の出来事も、あるがままの姿で見えるばかりでなく、ゆがみもまた見えてくる。わたしたちは、単に眼球の水晶体で光を屈折させて、現実の写像を網膜上に得ているだけではないのである。現実はこのままでよいのか、というメタ的観察も同時にはたらいてしまうが、それも理性のなせるワザかもしれない。

このように言うと、哲学オタクの理屈をこねているだけに思われるかもしれない。しかし、ギリシア語の「ヌース」や、ラテン語の「ラチオ」や、朱子学の「理」などのような、現代語の「理性」につながる用語の伝統は、日常語のなかにも生きている。それに託して、多くの人が、現実のなかにあって現実を超えるものの存在を留保してきた。少なくとも、歴史のある段階までは、真面目にそのように考えられていたし、現代でも、「理性」という言葉には、そういう思考習慣が引き継がれている節がある。

(2)　大文字の理性

理性のはたらきがあるから、わたしたちはものを見たり、考えたり、おこなったりするときに、あるべき姿を思い浮かべることができる。売り物の値段が「リーズナブル（reasonable）」だとされるのも、創造主の目から見て、妥当な値段だからなのかもしれない。理性はわたしたちの内部にも、わたしたちの間にもはたらいていて、創造主の代わりをしてくれる。そうした理性を、わたしたちと共有していると認められる限りで、遠方からの来訪者も、同胞として迎え入れる。こういう理性への信頼が、神への信仰に近いものであることは、ロックがしばしば「理性」を大文字で‘Reason’と綴っていることにも表われている。人びとは、それぞれ独自に、小文字の

‘reason’を心のうちに宿しているだけではないのである。みんなで一緒に、大文字の‘Reason’に与っている。それを筆者の造語で表わすと、「共通理性」となる。

しかし問題は、共通理性を、人為で手なずけていこうとするときに生じる。教育によって理性を育てようとする試み――ジョン・ロックの教育論はそれを目指していた――も、そうした試みの一つだが、それでも、一人ひとりの子どもに、その子なりの見方、感じ方、考え方を育てていこうとする限りでは、問題は表に出ない。将来の大人に、自分の心と体をしっかり管理させ、自分の利益を自分で護れるようにしてやることは、誰にでも必要なことだからである。しかし、子どもたちの教育を、共通理性の指図に従って、国家ぐるみで統一的に営んでいこうという人が現れると、事情が違ってくる。共通理性の指図を、誰がいったい見抜くことができるのであろうか。創造主のはかりごとを、誰がいったい言い当てることができるのであろうか。ましてや、「国家理性」などというように、国家を理性の体現者に見立てるのは、今なお成り立つであろうか。

創造主の恩寵に身を委ねずに、人びとを自律した「理性的存在」に育てていこうとした、近代国民国家の教育制度は、そのはじまりから危うさを抱えこんでいたのである。

(3) 理性への不信

古来、多くの神学者、哲学者、思想家は「神の存在証明」という難問に悩んできた。それはよく知られているが、同じように多くの人が、理性についても、それの実体をとらえることに腐心してきた。そうしたなかで、理性の正体の捕捉をそうそうに断念して、理性とは名前だけのものに過ぎない、としてしまった人もいる。そうした唯名論（ノミナリズム）の立場の人は、次のように言う。人びとが「理性」の名のもとで語っているのは、語る人（騙る人？）の思い込みに過ぎないから信用できない。それは人を惑わすだけだ、と。現代で言えば、経済学者フリードリヒ・ハイエクがそうした理性不信を振り撒いていることで、よく知られている。

ハイエクが批判したのは、理性のはたらきを一つの全体として一元的にみていくことである。理性が指し示す法則を突き止めて、人の成長を統一的に促そうとすることである。このような考えを、ハイエクは「理性の濫用」だとみなした。ハイエクはまた、理性の導きに従って、社会のすみずみまでを設計していく考えを、「集団主義の傲慢」だとも呼んでいる。ハイエクからすれば、大文字の理性などはどこにもないのである。「理性」の名で呼べるものがあるとすれば、それは、自己利益の拡大を図る、一人ひとりの個人の意識と努力のなかにあるだけで、そうした小文字の理性が従うべき大文字の理性などはない、というのである。

ハイエクが共通理性にたいして不信感をあらわにしたのは、全体主義にたいする警戒心からである。その全体主義に、社会主義がふくまれていたことは言うまでもない。社会主義国の末路がそうであったように、小文字の'reason'を導く大文字の'Reason'を呼び込むと、それを導く、さらに強力な指導力を有する理性（'REASON'とでも表記すべきか）を呼び込まなければならなくなる。この果てしない遡りは、けっきょく、理性を手なずける権力装置として「国家」を祀り上げることになり、一種の非合理主義に陥ってしまう。理性の濫用は、理性の自己否定に道を開いてしまうことになる、というのである。そこで、共通理性をバラバラに解体して、個人に宿る小文字の理性だけにたよることにする。そうした小文字の理性の相互作用のなかから、社会は生まれてこなければならない。そのような「自生的に成長してくる」社会にハイエクが期待を懸けていたことは、よく知られていよう。

一人ひとりに宿る小文字の理性のはたらきに、社会全体の秩序の生成を期待していく。こうしたミクロなものからマクロなものを積分していく考えは、生物学者リチャード・ドーキンズの「利己的遺伝子」の着想にも通じる。一般には、種の類的行動は、目的論的なプログラムに従って理解され、進化のプロセスに沿うものとして説明される。ヘイタイ蜂が、自分は死んでも敵にひと刺しするのは、群れを護るためだ、などと。そうした利他主義的な目的論を、ドーキンスは非科学的だとして斥けた。「利己的遺伝子」論では、個体の行動を超えた種や類のふるまいには、目を向けない。あくまでも、個体の自己利益的な行動にのみリアリティを認めていく。個体の自己利益的な行動——例えば、猿は餌を奪いあって食う——は、たとえ他の個体にたいして、どんなに排他的なものであっても、それらが寄せ集まると、なんらかの秩序が自生的に生み出されてくる。この秩序のなかでは、猿のなわばりがそうであるように、個体の自己利益的な行動はなんらやましいところがないものとされる。

(4)　共通理性の培養地

経済学と生物学から引いた前述の事例は、それぞれの領域では、それなりに合理性を備えた議論として、評価を受けているのかもしれない。事実、ハイエクは一九七四年にノーベル経済学賞を受けている。それでも、わたしたちは、これらの議論に通底する考えに、なにかしらそのまま呑み下すことができないものを感じる。仮にこの考えを他の領域に当てはめてみると、不都合なことになりかねないからである。これらの議論がそのまま受け入れられれば、社会と全体の秩序の形成を方向づけていく必要はなくなり、個人と個体の自己利益的行動に任せておけばよいことになる。この考えは、結果の正当性を市場での決済に委ねる、市場原理主義にどこか似ている。

経済や生物の領域内では説明がきれいに成り立つことでも、他の領域——わたしたちの場合で言えば、言うまでもなく教育という領域だが——からすれば、どこかおかしいと直観されることがある。この直観をもたらしてくれるのが、共通理性である。共通理性とは、共通感覚がそうであるように、それぞれの領域で当てはまることを、一度、他の領域に当てはめてみて、どれだけ当てはまるかどうかを確かめてみる見識のことである。経済学や生物学で当てはまることでも、教育学に当てはまるかどうかは分からない。そうした領域の境目を超えた判断を可能にしてくれる、いや、必要としているのが、共通理性なのである。

教育の領域でなされる営みの正当性は、共通理性によって支えられていなければならない。と同時に、教育は共通理性の重要な一角を占めており、それを通すと、他の領域の営み、特に経済や政治の領域の営みのゆがみや独りよがりが直観される。教育学は、様々な領域にまたがる共通理性を、広くはぐくむ培養地（セミナー）なのである。良識を育てる学問だ、と言い換えてもいい。危うさを抱えながらも、国家の教育制度が持ちこたえられてきたのは、教育学がつねに共通理性の目で見張ってきたからである。そうであるから、教育学研究の停滞は許されないことなのである。

終章　優先論と「教育倫理学」

1　優先論

本書はこれまで、主として誰が分配すべきかという分配者の側から、つまり社会／国家／市場の側から、教育の分配論を主題にしてきた。これと表裏一体の関係にあるのが、誰に分配すべきかという被分配者の特定に関する主題である。

誰に教育を分配すべきなのか。この問いに、「すべての人に」と応じるだけでは答えにならないのは明らかであろう。問い自体が、教育（を受けること）はすべての人の権利であることを自明として投げかけられている。問われているのは、「（すべての人のなかで）誰にこそ優先的に分配すべきか」ということである。こうした被分配者の特定に関する議論を「優先論」と呼ぶとすれば、それには社会哲学的な解明ばかりでなく、倫理学的観点からの解明も深く関わっている。突き詰めれば、「教育倫理学」とでも呼ぶべき領域にも及んでいくことが予想される。

「教育倫理学」は、価値判断に迫られるあれか／これかの問題、しかも〝アポリア〟と言ってもよいくらい容易に解答が出せない難問に、一挙に解決を与えていくというよりも、問題解決に向けての基本的な構図を明らかにしていく。「誰にこそ教育を分配すべきか」という問いは、最終的には、それぞれの個別の場面で政策的・現実的に回答されていくことであるが、そこに至る過程が公正なものであるためには、あらかじめ問題の構図が示される必要がある。それをしていくのが「教育倫理学」である(1)。そうした「教育倫理学」への見通しをもちながら、その一領域として優先論の主題を最後に取り上げていくことにしたい。

トマス・ネーゲルは、平等理論（egalitarianism）を擁護する立場から独自の優先論を展開している。社会の財の分配をめぐる議論として、①全体の利益の総和を重視する議論（功利主義）と、②全体の利益から切り離して個人の権利をそれぞれに尊重する議論（権利論）の、どちらにも回収されない議論として平等理論を擁護しようとすれば、何よりも、誰を優先するかという優先順位の決定に関わる問題に取り組まなければならない。そのさいネーゲルが基準として挙げるのが、「緊急性」（urgency）の基準である［ネーゲル 1989 : 183］。緊急な必要性を抱える人にこそ優先的に分配する、という基準である(2)。

しかしこの基準にしても、それぞれの個人が訴える緊急性の強さを客観的に比較するのは困難である。というのは、人びとがそれぞれ緊急なものとする財の領域はたがいに異なり、同じ尺度で測ることができないからである。そのため、例えばA氏の食生活の緊急性の方がB氏の住環境の緊急性より優先順位が上だ、といった領域を超える判断は一概には下せない。それにもかかわらず、アドホックな緊急性の判断とは別に、A氏、B氏の人生全般を見渡して、より恵まれていないのはどちらかを判別するのは可能であり、より恵まれていない方を優先していくのには合理性がある。それが平等理論の立場である、とネーゲルはみなしている。「道徳的平等は個人間の平等であるから、ランクづけがなされるべき個々人の利害は、一時的な好みや欲求や経験ではありえない。それらは、全体として見られた個々人の生活のさまざまな側面――たとえば、健康、栄養状態、自由、労働、教育、自尊心、愛情、快楽などの諸側面――でなければならない。」〔ネーゲル 1989：184 傍点は引用者〕

ネーゲルに従えば、平等理論の優先論は、人生全般（overall life）からみて、他の人に較べていっそう緊急な状況に置かれていると判断された人に、分配上の優先順位を与えるものである。これは、かならずしも人びとの間の相対的な格差の是正を目指してなされるものではない。言い換えれば、平等理論の優先論は目的論的発想にもとづくものではないが、それでも、平等理論の優先論にもとづいて分配がなされていけば、結果として人びとの間の格差の縮減がもたらされることは充分にあり得る、とネーゲルはみている。

緊急性を分配の基準とする平等理論の優先論は、それではどのようにして正当化されるのであろうか。特に、こんにちのように、人びとが生き方の拠りどころにする価値が多元化していて、たとえ貧しくても自分で自己決定していくことに何より価値を置く人がいる一方で、少しでも経済的に豊かになることに価値を置く人もいる、というように価値基準の共約可能性が失われている時代に、優先順位の基準を緊急性に求めていくことに人びとはどれほど積極的な合意を与えるであろうか。それにはなお疑問が残るが、それでも、緊急性を優先順位の基準にすることに合意（少なくとも消極的な合意）が得られるであろうとネーゲルが考えるのは、緊急性という基準が「受け入れがたさが最も少ない選択肢」（the least unacceptable alternative）であるからである〔ネーゲル 1989：192〕。それぞれの個人からみたこの容認可能性が、他者の人生に緊急性を認め、その人への優先分配を認めることへの合意に到るはずだ、というのである。この容認可能性が、優先論の正当化根拠としてどこまで有効かどうかを、ネーゲル自身が用いる譬《たと》え話を使ってみていこう。

2　緊急性という基準

緊急性という平等理論の分配基準は、全体的な効用の合算から割り出される判断基準とは無縁である。そのことを、ネーゲルは次のような譬え話――それをネーゲルは「平等の価値を試すテスト」と呼んでいる――で説明している。それは、ネーゲルには二人の子どもがいて、第一子は健常児で、第二子は障害児である、という想定からはじまる。その上で、親としてのネーゲルは今、転職と転居に迫られていると想定している。そのさい選択肢は二つあって、「一つは、第二子〔障害児〕が特別な医学的処置と教育が受けられる、物価が高い都市に引っ越すことである。しかし、そこでは家族の生活水準は低くなるだろうし、近隣の環境は悪く、第一子〔健常児〕にとっては危険なものとなるだろう。もう一つの選択肢は、田園風景を残す環境のよい郊外に引っ越すことである。そこでは、スポーツや自然に特別な興味を抱いている第一子が、のびのびと楽しく過ごすことができる。」〔ネーゲル 1989：193〕

ネーゲルの状況設定はさらにつづく。すなわち、「郊外に引っ越すことから得られる第一子の利益は、都市に引っ越すことから得られる第二子の利益を十分に上回って」おり、しかも、「もし片方の子供を優遇する選択がなされれば、他方の子供の損失を有効に埋め合わせる方法はない」という条件が加わる。医療機関へのアクセスが容易な都市への引っ越しから得られる第二子の利益は、しかし、都市での家族の生活水準の低下により相殺され、微々たるものに留まる。そればかりか、都市に引っ越すことは第一子には埋め合わせの不可能な損失を与える可能性がある。それにたいして、郊外に引っ越すことによって得られる第一子の利益は大きく、この第一子が得る利益から第二子にもたらされる利益も、都市の医療機関への通院が不便にはなるものの少なくないはずである。家族全体の効用計算からすれば、都市への引っ越しはあまり分のよい選択ではない。その上、もう一人健常児の第三子がいるという想定が加われば、都市への引っ越しの効用はさらにいっそう減少することになる。

　こうした付帯条件を追加した上でも、ネーゲルは、第二子（障害児）の側に緊急性を認め、都市への引っ越しを勧めることが平等理論の優先論である、と言う［ネーゲル 1989：194］。第二子の緊急性に優先順位を認めるという決断は、家族全員の効用計算によって覆るものではないのである。

　たしかに、都市への引っ越しという決断は、親として「受け入れがたさが最も少ない選択肢」であるかもしれない。しかし問題は、これが「平等の価値を試すテスト」をクリアする決断であるとなぜ言えるのか、である。親としての決断が、第一子、第三子にとっても平等に「受け入れがたさが最も少ない選択肢」であるとなぜ言えるのか、である。というのは、人生全般からみて第二子に緊急性という容認可能性を認めるかどうかの判断の当事者は、この場合親というより、第一子、第三子であるからである。ネーゲルの譬え話が、兄弟・姉妹間での利益の相反を事例としていることが示唆しているように、緊急性が「受け入れがたさが最も少ない選択肢」として人びとの間で容認されるためには、それに先立って、何らかの親密な関係性が成り立っていること、つまり、この場合は兄弟愛（fraternity）の関係が成り立っていることが暗黙の前提にされているが、このことについてネーゲルに言及がないのは、ネーゲルの譬え話では、親からすれば、自分の子どもたちの間に親愛の関係性が成り立っているのは当然のことだからである。

　しかし、そうした親密圏の関係性が当然のことと前提できないような場面、特に相互的な他者性のもとで成り立つ公共圏の場面ではどうであろうか。例えば、定員をオーヴァーした救命ボートに、複数の健常者と一人の障害者がたまたま乗り合わせてしまったといういわゆる「救命ボート状況」を引き合いに出せば、どういうことになるであろうか。この場合、救命ボートから降りてもらう候補者から障害者を優先的に除くという選択が、「受け入れがたさが最も少ない選択肢」として他の乗船者たちに支持されるかどうかは疑わしい。現に、ロバート・ノージックと同様に自己所有権の権原化を主張するマリー・ロスバードは、「救命ボート状況」が平等理論の優先論を正当化するのにふさわしいケースかどうかを疑っている。ロスバードからすれば、この場合の分配と不分配、すなわち誰をボートに乗せ、誰を乗せないかは、ボートの所有者が決めればよいことだからである。ボートが誰の所有でもないならば、先着順で決めればよいことだからである。「婦人と子供を先に」という優先原理で成人男性たちの自己所有権を侵すことは道徳的にはできない、とロスバードは言う［ロスバード 2003：179］。原理が道徳的に尊いかどうかということと、その原理による分配が道徳的に許されることかどうかは、別の問題だとみているのである。原理をどのように実行に移すのが道徳的なのかは、「倫理学」によってさらに問題の構図が解明されていかなければ、公正に決定していくことができない(3)。

3　稀少財と「社会的限界」

教育の分配論において、「すべての人に（権利保障を）」という普遍的な権利論から、「誰に、誰から」という優先論へと問題を焦点化していかなければならないのは、言うまでもなく教育財が稀少財であるからである。しかも教育財の分配の場合、財の供給増、つまりパイの拡張だけでは問題の根本的な解決には到らない。財の供給増強は優先論の問題を高次のレヴェルに押し上げるだけで、それによって優先論を無用にすることはできない。それはこんにちの教育過剰状況について特に言えることである(4)。

経済の高度成長にともない、各個人の欲求が全体として充たされていく段階で、それ以上の満足を得ようとすると、他の人が得られないような稀少な財を求めるよりほかなくなるが、そうした稀少財の追求は、それ自体が、同じものを得ようとする他の人の追求を制限していく。つまり、多くの人がいっせいにそれを得てしまうと、それを得ることから誰も価値が引き出せなくなる。個人にとって絶対的に価値ある対象や行為も、同じような需要の高まりのなかで、相対的に価値づけが低下してしまう。欲求の充足は、一定の閾値を超えると、人びとをたがいに制約する要因となっていくのである。これを、経済学者フレッド・ハーシュは対象自体が有する物理的限界から区別して、「社会的限界」（social limit）と呼んでいる。そうした臨界点に達したとき、任意の一個人について可能であることは、他の誰にとっても同様に可能である、というわけにはいかなくなる。というのは、「単独で行動しながら各個人は自分の地位を最善にしようと努めるが、これら個々人の選好それ自体が、同じような欲求を満足しようと努める他の人びとが直面する状況を変えてしまう」からである［Hirsch 1976 : 4］。

しかも人びとは、たがいがたがいを限定し合うこの「社会的限界」を対象化することはできず、ひたすら自分自身の努力だけで財を追求し、満足を得ようとし、また得られると信じている。仮に社会的限界が見通せる者がいたとしても、その人にとっても頼れるのは自己努力以外には何もない。それゆえ、自己努力を止めるわけにはいかないのである。教師は、受け持つ子どもたち全員が平均点以上の点数を採ることは有り得ないと分かっていても、「みんな頑張れ」と言うほかない。そのように、人びとのひたむきな努力が差し向けられやすい領域、しかも努力しだいで社会的モビリティが保障されるとみられる領域が、教育である。

ところが実際のところ、現代社会の教育は、手つかずの原野に立つ開拓者のように、努力すればそれだけ報われるという自然状態の段階にはもはやなく、自分の努力が他者の努力により制約されるという「社会的限界」内にある。教育それ自体が、社会による「選別機関」（screening device）として自律してしまっているのである。ハーシュは次のように言う。「機会の平等、つまりスタート・ラインでの平等という概念は、人生上のチャンス一般に適用されるときと同様に教育に適用されるときも、結論先取り的な性格をまぬがれない。というのは、スタートの時点で除去されるべきなのはどのハンディキャップなのかに関して、いつでもあいまいさがつきまとうからである。端的にいえば、平等なスタートの目安となるのは平等なフィニッシュである、と言えよう。だが悪いことには、教育における平等な結末（equal outcome in education）は、個人の能力と意欲によって妨げられるだけではない。この概念はまた、現代社会において教育がはたす重要な機能、つまり分別（sorting）と選別（screening）の機能を教育が果たせなくさせてしまうのである。教育はそれ自身の固有な仕方で、社会的稀少性の手配機関（device for controlling social scarcity）となっているのである。」［Hirsch 1976 : 5］

教育財の稀少性は、教育財の供給増によっても、教育を受ける権利の保障の普遍化によっても解消されることはない。教育財の供給自体が人的能力の分別と選別の社会的機能を不可避的に帯びている。それだけに、「誰にこそ教育は分配されるべきか」の問いかけから、社会は逃れることはできないのである。この種の問いに答える権限を、「救命ボート」の所有者個人、つまり学校と教師だけに託すわけにはいかないのである。

註

（1）「教育倫理学」（Ethics of education）のモデルとして、ケネス・ハウとオフェリア・ミラモンテスの『特殊教育の倫理学』［1992］を挙げることができる。同書でハウらは、障害児の教育保障をめぐる裁判事例を通して、問題の構図を明らかにすることに努めている。例えば、アメリカではフォード大統領時代の一九七五年に法律「すべての障害児のための教育法」（Public Law 94-142 : Education for All Handicapped Children Act）が成立し、連邦基金を受ける条件として、州にたいして、障害をもつすべての子どもに「無償の適切な公教育」（free appropriate public education ; FAPE）を保障することを義務づけたが、このFAPEの解釈をめぐる対立を、ハウらは裁判事例から引いている［Howe & Miramontes 1992 : chap.1, 2.］。それは、第一級聴覚障害児エイミーの教育保障について、エイミーの両親と教育委員会との間で争われた裁判である。エイミーの両親は彼女のために専任の手話通訳者を配置することを求め、下級審も訴えを支持したものの、最高裁はエイミーがすでに普通児より高い能力を発揮していることを理由に、下級審の判断を覆した。ここでの争点は、エイミーがすでに普通児より高い能力を発揮し、学校生活にもよく適応しているとしても、彼女の潜在能力を完全に発達させるためのFAPE――少なくとも障害をもたない子どもならば受けられるはずの教育機会に相当するもの――をさらに配慮しなければならないかどうか、であった。

この問題にたいして、「すべての子どもに完全な能力発達の保障を」というスローガン的言明から回答を引き出すことは無理である。仮に両親の訴えを認めるとしても、専任の手話通訳者の加配によって、エイミーの潜在能力が本当にこれ以上引き出されるかどうかも問題として残る。それは結果において検証される問題であって、エイミーの就学時には不確定のままである。不確定な事実的問題を残しながらも、エイミーのためになされるべきFAPEがどこまでかが判断されなければならない。これがたんなる法律解釈上の問題には尽くされず、倫理学によって解明されるべき問題をふくんでいる。さらにまた、教育資源が限りのある「稀少財」であることを考え合わせると、エイミーに優先的に分配していく根拠を、社会全体を視野に入れて、判断基準の正当性までを判断していかなければならない。これは倫理学というよりも、道徳哲学的問題と言うべきかも知れない。

（2）ネーゲルの平等理論の優先論を批判的に受け継いだデレク・パーフィットは、論文「平等か、優先か」（"Equality or Priority?"）で、平等に分配するということと優先的に分配するということは、たとえ結果として同じ人に同じ利益をもたらすことになるとしても、拠って立つ考え方がまったく異なる発想であり、ネーゲルには両者の混同があるとしている［Parfit 1995（2000）］。

（3）そのさい、救命ボートの使用権（一時貸与権）の分配は所有者にあることは認められるとしても、それが結果として人の生存権を左右することにつながる以上、救命ボートの所有者は単なる「貸しボート屋さん」ではいられないはずである。何らかの基準――ネーゲルは「緊急性」を基準としたが――により優先順位を確定することが必要であり、それは所有者だけに委ねられる権限にしてよいものではない。しかし、この帰結主義の側からの主張にたいして自己所有論者は、それではその決定は誰に委ねられるべきなのか、全員で決めるべきだと言っても答えにならない、などと当然反論してくるであろう。自己所有論者からすれば、何らかの手続き――先着順はその一つ――の正当性に訴えて決着をつけるほかないのである。こうした帰結主義／手続き主義などの構図により問題を明確化していくのが、「教育倫理学」である。

（4）現代が教育過剰時代だからといって、「教育にはできないもの」や「教育ではないもの」に視線を向けても、問題は何ら解決しない。それはただ、そうした非教育なるものを何と呼べばよいのか、というメタ次元の問題を誘い出すだけである。問題は、教育財を誰にどのように分配するかという現実次元に、立てられなければならない。広田照幸の著書［広田 2003］と、それにたいする筆者の書評［宮寺 2003b］を参照していただきたい。

あとがき　平等主義の鍛え直し

二つの格差

格差があることに、わたしたちは敏感である。格差が広げられていくことには過敏でさえある。それだけに、「格差はあってはならない」という趣旨の言説には、人びとの支持が集まりやすい。そしてそれは健全なことである。格差があることへの批判が、どこかある部分が後れを取ったためにできた凹状の格差に向けられたものであれば、なおさらそうである。窪んだ部分を全員の負担で埋め合わせたり、国家の責任で補塡させたりして、全体をならしていこうとするのは身内意識の健全な表われである。しかし、仮に「格差はあってはならない」という批判が、特定の部分が凸状に突出したためにできた格差に向けられたものであるならば、どうであろうか。この場合、事情は少し違ってくるのではないか。というのは、扱いを誤れば、それは〝レヴェルダウン・オブジェクション〟、つまり突出部分の押さえ込みを促す議論になりかねないからである。

規制緩和が進み、多くの教育「特区」が認可され、これまで許されなかった取り組みが奨励されている。そうしたなかで、格差問題は凹状格差についてだけでなく、凸状格差についても起こっている。そのため格差への批判も、突出部分をつくることに向けられることが多くなってきた。こうした格差批判に集る人びとの支持も、やはり、誰かが突出するよりすべての人が同じレヴェルに留まる方がよい（どこかの地方が突出するより、すべての地方が同じレヴェルに留まる方がよい）、とする身内意識の表われであると受け取れないこともない。しかしこの場合、それは健全な意識であるとは一概には言えない。突出部分をつくることがどうして許されないのか、その理由が明確に示されなければならないからである。理由として挙げられるのは、おそらく次の二点ではないであろうか。

第一は、自分（たち）は取り残されたくないし、他の人（たち）も取り残したくない、だから格差をつくるべきではない、という理由である。これも、ある種の身内意識からなされる格差批判であると言えるかも知れない。誰にでも、最悪の状態に堕ちる可能性があり、そのリスクは年毎に増している。そうしたリスク社会の浸透が、おたがいの権利保障をミニマムのレヴェルに揃えておいた上で全体の底上げを図るべきではないか、とする平等主義を刺激している。しかもそれは、「平等であることはそれ自体が価値である」とする義務論的発想に裏打ちされており、それだけに、「なぜ全員が同じレヴェルにいなければならないのか」という反論を寄せつけないものを有している。

それとともに、もう一つ強力な理由として出されることが予想されるのは次の点であろう。それは、特定部分の突出が奨励されると、そこに集中的に投入される財の原資が、本来他の部分に平等に投入されるべき財から回されることになり、その部分の水準を引き下げてしまう。だから突出部分をつくるべきではない、という理由である。この理由は、リベラリズムの「他者危害の原則」、つまり、他者を害することがない限り人は何をやっても自由であるが、他者に危害が及ぶようなことをする自由は誰にもない、という原則に訴求しながら出されるかも知れない。

この第二の理由については、反論があり得る。突出部分を設けることが、他の部分への資源の分配の少量化をともなわず、レヴェルダウンも引き起こさなければ問題はないのではないか、と。これを経済学は、「パレート改善」と呼んできた。残り全体のレヴェルダウンを引き起こすことなく、ある部分が改善されることは是とされる、というのが「パレート改善」の主旨である。教育改革に例をとれば、隣接する市町村に先駆けて、ある町が自前で少人数学級編制に踏み切ったり、ある小学校に、特例として英語の授業の実施が認められたりすることなどがこれにあたる。これらの場合、たしかに特定の部分だけが突出することになるが、しかしそれは周囲の地区や学校の教育水準を低下させることにはならない。周囲の地区や学校の水準は現状のままに留まっている。だから「パレート改善」である。それでも「格差はあってはならない」と言うべきであろうか、と反論者は挑んでこよう。この場合の「格差」は、言うまでもなく凹状格差ではなく凸状格差を指している。

こうした反論にたいして再批判していくのは容易なことではない。少なくとも、凹状格差にたいする批判、つまり、窪んだ部分をこのまま取り残しておいてよいのかといった平等主義の主張を繰り返すだけでは、有効とはいえない。凹状格差にたいする場合と、凸状格差にたいする場合とでは、批判の次元が同じではないのである。凸状格差の問題に取り組むには、これまでのように平等主義に訴えるだけではなく（もしそれだけならば、「悪平等主義！」の誹りを免れない）、自由と平等の兼ね合いという旧くて新しい主題にも取り組む必要がある。要するに、平等主義の鍛え直しが必要なのである。それはちょうど、自由の原理（を尊重する立場）を槌として、鋼鉄を叩き鍛えていくようなものである。

「ダイナミックな平等主義」

自由競争がそうであるように、そこに誰でも差別なく参加でき、同等の基準で勝ち負けが決せられなければ「自由な」競争とは言えない。この意味で、自由であることの基本的要件は平等であることである。しかし当然、それは競争の結果にまで及ぶ要件ではなく（もしそうならば、もはや「競争」ではなくなる）、競争への参加資格に関わる要件に過ぎない。そうした形式的で弱い意味での平等条件ならば、自由の要求と矛盾することはない。もしも自由の拡大が平等な参加資格を制限した上でなされるとすれば、それは一部の人だけを利するのみで、少なくとも公共の施策としては支持されないであろう。「自由を」ということ自体がそれを享受する人を限定してはおらず、「誰にたいしても自由を」という意味をすでにふくんでいる。この意味で教育の自由化（つまり、規制緩和）も、その下地として教育機会の平等化が図られていなければ意味を成さなくなる。

また、同じように「平等主義」といっても、機会や結果について人びとを横一線に揃えることだけが平等主義ではなく、いっそう自由度を高めた平等主義もあり得る。経済学者フレッド・ハーシュが「ダイナミックな平等主義」（dynamic egalitarianism）という表現で示したのは、縦長に隊列を組んで行進する人びとのケースで、後尾の者も前を行く者に従って進めば、いずれは一定の水準を通過することができる、という意味での平等主義である。学校現場で「習熟度別指導」と呼ばれている指導形態がこれに近い。これは、先を行く者と後から行く者とのどちらにも学習への取り組みに自由度が与えられ、たがいに相手の存在が阻害要因とならないように配慮しており、しかも同じような道筋と通過地点を経させるようにしてあるので、不平等な扱いをしたことにはならない、とされる。

もちろんこれには、同じ通過点を経るのに短い時間ですむ者と、そうはいかない者との間に時間差が生じるという問題点があるばかりか、いっそう問題なのは、稀に自生する路端のベリーを先頭グループが摘んでしまえば、後続の者は分け前に有りつくことができない、ということである。稀少な種類のベリーであれば、それだけ、利益を得るのは前方に位置する者に限られる。それでも、前方に進み出て行く（rush ahead）自由は誰にでも平等に与えられていれば、これもまた平等主義の一種とみなされないわけではない。しかしそれは、あくまでも自由を実際に行使する能力（認知的・身体的能力のみならず、経済的能力をもふくんだ意味での潜在能力）の平等化が施された上でのことであるから、自由の前提としての平等と、平等の保障としての自由とは、尻尾を摑もうとする犬のようにグルグル回りをしてしまう。結局のところ、縦隊である以上誰かは後方に置かれることになる。

縦長の隊列を組んで全体が向上していく「ダイナミックな平等主義」は、隊列がしだいに密集して〝団子〟状態になることをかならずしも理想とはしていない。隊列が縦にバラけて、いっそう〝長蛇〟化していくことも容認している。列の前方に進み出ようとする自由は認められているものの、いや、そういう自由競争は隊列全体を前方に推進するエネルギーになるので奨励されてさえいるが、列から外れて隊列を乱す自由は許されていない。「ダイナミックな平等主義」における自由は、縦方向に開かれた自由であって、横方向へ広がる自由は想定されていないのである。

個人間、地方間にみられる格差を、全体の水準を押し上げていく推進力として使おうというのは、いかにも乱暴で、無責任な議論である。格差は、やはり全体の責任で是正されるべきものである。しかるに、国家の税財政改革によって格差が地方間につくり出されようとしている。国家は格差是正の責任主体としてよりも、格差拡大の張本人として立ち現われている。格差是正の責任は、個人と地方にだけ負わされてよいものではない。それは全体の責任で教育財の公正な分配と再分配を通してなされるべきことである。そのための機構は依然として必要であり、その分配機構が則るべき原理原則を問い直していくのが「分配論」である。ただ、凸状格差に直面する状況下での分配論は、凹状格差にたいするそれ以上に難しい問題を処理しなければならない。「格差はあってはならない」という平等主義の主張を、証明なしに義務論的に据えておくだけでは、対処できない事態に立ち至っている。少なくとも、全体を「ならす」・「揃える」を基準点としてきた平等主義は、優先論、つまり、どこかを／誰かを優先させざるを得ないという状況のなかで、もう一度鍛え直される必要がある。そうした予感が、本書の執筆を動機づけてきたが、課題はいっそう膨らんでしまったように思う。今後も取り組みをつづけていかなければならない。

本書には、すでに学会誌等に発表した内容がふくまれている。初出の場所を示せば次の通りである。

はじめに　分配・教育・国家：書き下ろし

序　章　分配論と「教育の視点」：書き下ろし

Ⅰ部　格差と公正

第一章　環境が人をつくる、か？――学力格差をめぐる「公正」――
：教育哲学会『教育哲学研究』第九一号、二〇〇五年五月。原題「環境が人をつくる、か？――また は、『教育と格差問題』をめぐる断層――」

第二章　階層と個人の選択意思：書き下ろし

補論一　選択による教育財の分配、その問題性
：『教職研修・親の学校選択と学校経営』小島弘道編、二〇〇一年二月、教育開発研究所。原題「学 校選択制を支える教育観・教育思想」・「学校選択制を支える子ども観」・「学校選択制を支える学校観」

Ⅱ部　分配論の諸相と能力開発――ロールズ・サンデル・ノージック――

第三章　平等理論と多様な能力：書き下ろし

第四章　共同体理論と共同資産としての能力：書き下ろし

第五章　権原理論と自然資産としての能力：書き下ろし

Ⅲ部　国家と教育分配の主体

第六章　「規制緩和」後の国家／市場と教育――分配の主体は誰か――
：日本教育学会『教育学研究』第七一巻第二号、二〇〇四年六月、原題「『規制緩和』後の国家／市 場と教育――配分主体の特定化をめぐって――」

補論二　国家と教育――アリストテレス『政治学』を読む――
：教育哲学会『教育哲学研究』第八七号、二〇〇三年五月、原題「『公』の教育、『私』の教育―アリストテレス『政治学』第八巻第一章を読む―」
第七章　リベラリズムと変貌する国家――公共性・他者性・多元性――
：季刊『理戦七四（リチャード・ローティ特集）』二〇〇三年九月、実践社、原題「リベラリズムの射程」
補論三　共通理性と教育
：筑波大学教育学会『筑波教育学研究』第三号、二〇〇五年二月
終　章　優先論と「教育倫理学」：書き下ろし
あとがき　平等主義の鍛え直し：書き下ろし

今回も、勁草書房編集部部長の町田民世子氏の熱心なお勧めで一書に纏めることができた。一度ならず三度もこうした機会を与えていただいたことに、深く感謝せずにはいられない。今回編集の実務を担当していただいた藤尾やしお氏からは、本書のタイトルの決定をふくめて、細やかな配慮をいただいた。感謝したい。また、再校のさい、片山勝茂氏（日本学術振興会特別研究員）から貴重な助言をいただいた。深謝したい。
最後に、本書の各所で展開した議論に長年付き合ってくれた筑波大学教育哲学研究会の参加者、大学院人間総合科学研究科「教育基礎学特講」の受講生、人間学類「教育哲学」の受講生に、エールを送らせていただきたい。

二〇〇五年　中秋

宮寺　晃夫

人名索引

ア行

カ行

サ行

タ行

ナ行

ハ行

マ行

ヤ行

ラ行

ワ行

事項索引

ア行

カ行

サ行

タ行

ナ行

ハ行

マ行

ヤ行

ラ行

文　献

アグリエッタ，M.　2000『資本主義のレギュラシオン理論――政治経済学の革新』若森章孝・山田鋭夫・大田一廣・海老塚明訳，大村書店.

アンダーソン，B.　1997『増補・想像の共同体――ナショナリズムの起源と流行』白石さや・白石 隆訳，NTT 出版.

安藤次男　2001「ケネディと1963年公民権法案」『立命館国際研究』14巻，3号.

Arendt, H. 1958 *The Human Condition*, The University of Chicago Press.（『人間の条件』志水速雄訳，中央公論社，1976年.）

ベック，U．1998『危険社会――新しい近代への道』東 廉・伊藤美登里訳，法政大学出版局.

ボウルズ，S．ギンタス，H．1976（1986）『アメリカ資本主義と学校教育（1）――教育改革と経済制度の矛盾』岩波書店.

ボウルズ，S．ギンタス，H．1998（2002）『平等主義の政治経済学――市場・国家・コミュニティのための新たなルール』遠山弘徳訳，大村書店.

ブルデュー，P．2000『市場独占主義批判』加藤晴久訳，藤原書店.

Brighouse, H.　2000 *School Choice and Social Justice,* Oxford University Press.

Brighouse, H.　2004 *Justice,* Polity Press.

Callan, E.　1997 *Creating Citizens, political education and liberal democracy,* Oxford University Press.

Cohen, G. A.　1995 *Selfownership, Freedom, and Equality,* Cambridge University Press.（『自己所有・自由・平等』松井 暁・中村宗之訳，青木書店，2005年.）

Coleman, J. *et al.*　1966 *The Equality of Educational Opportunity,* U. S. Government Print Office.

Coleman, J.　1968 The Concept of Equal Opportunity of Education, in : *Harvard Educational Review,* Vol. 38. No. 1.

Curren, R. R.　2000 *Aristotle on the Necessity of Public Education,* Rowman & Littefirld Publisher, Inc.

デューイ，J.　1899（1998）『学校と社会，子どもとカリキュラム』市村尚久訳，講談社学術文庫.

ドゥウォーキン，R．2000（2002）『平等とは何か』小林 公・大江 洋・高橋秀治・高橋文彦訳，木鐸社.
エーコ，U. 2002 「《聖戦》――情念と理性」『世界』岩波書店，2月号.
Elster, J. 1983 *Sour Grapes, studies in the subversion of rationality,* Cambridge University Press.
Feeny, D. *et al* 1990 The Tragedy of the Commons: Twenty-Two Years Later, in : *Human Ecology*, Vol. 18, No. 1, 1990.
Feinberg, J. 1970 *Doing and Deserving――essays in the theory of responsibility*―, Princeton University Press.
Fichte, J. G. 1955 *Reden an die Deutsche Nation,* Reclam.（『ドイツ国民に告ぐ』大津 康訳，岩波文庫，1938年.）
フレイザー，N. 2002「規律訓練（ディシプリン）からフレキシビリゼーションへ？――グローバリゼーションの時代にフーコーを読む――」『現代思想』青土社，12月臨時増刊号.
藤田英典 1987 「『階層と教育』研究の今日的課題」日本教育社会学会『教育社会学研究』第42集.
藤田英典 1997 「『教育における市場主義』批判――黒崎氏の反論に応えて」『教育学年報6・教育史像の再構築』藤田英典・黒崎 勲・片桐芳雄・佐藤 学編，世織書房.
藤田英典 2003 「疑似市場的な教育制度構想の特徴と問題点」日本教育社会学会『教育社会学研究』第72集.
古矢 旬 2002 『アメリカニズム――「普遍国家」のナショナリズム』東京大学出版会.
ギデンス，A. 1999（2001）『暴走する世界――グローバリゼーションは何をどう変えるか』佐波隆光訳，ダイヤモンド社.
Grace, G. 1994 Education is a Public Good: on the need to resist the domination of economic science, in : *Education and the Market Place,* ed. by D.Bridge and T. Mclaughlin, The Palmer Press, London・Washington, D. C.
浜田 宏・石田 淳 2003 「不平等社会と機会の均等――機会格差調整後の不平等測定法」日本社会学会『社会学評論』213.
埴谷雄高 1975（1987）「死霊　第5章・悪魔の世界」，『昭和文学全集』小学館.
Hardin, G. 1968 The Tragedy of the Commons――The population problem has no technical solution ; it requires a fundamental extension in moralityin in : *Science*, Vol. 162, No. 3859, 13 Dec. 1968.

Hargreaves, D. H.　1997 School Choice and the Development of Autonomy : a reply to Brighouse, in : *Oxford Review of Education,* Vol. 23, No. 4.
ハーシュ，E. D.　1989 『教養が，国をつくる．：アメリカ建て直し教育論』中村保男訳，TBS ブリタニカ．
樋口明彦　2004 「現代社会における社会的排除のメカニズム――積極的労働市場政策の内在的ジレンマをめぐって」日本社会学会『社会学評論』55巻，１号．
平井悠介　2004 「教育に対する国家関与と親の教育権限――エイミー・ガットマンの『討議的民主主義』理論の視点から」教育哲学会『教育哲学研究』第90号．
広田照幸　2003 『教育には何ができないか――教育神話の解体と再生』春秋社．
広田照幸　2004 『思考のフロンティア・教育』岩波書店．
Hirsch, F.　1976 *Social Limits to Growth,* Harvard University Press.（『成長の社会的限界』都留重人監訳，日本経済新聞社，1980年．）
Hobbes, T.　1997 *Leviathan, on the Matter, Form, and Power*, in : *The Collected English Works of Thomas Hobbes*, Vol. III, Parts I - II, Routledge.
ハウ，K.　1997（2004）『教育の平等と正義』大桃敏行・中村雅子・後藤武俊訳，有信堂．
Howe & Miramontes　1992 *The Ethics of Special Education,* Teachers College Press, 1992.
市川昭午　2003 「なぜ，“教育の規制緩和なのか”」『教育評論』12月号．
池田 智　1996 『アーミッシュの人びと――「従順」と「簡素」の文化』サイマル出版会．
池田晶子　1999 『〈魂〉を考える』法蔵館．
井上達夫　1999 『他者への自由――公共性の哲学としてのリベラリズム』創文社．
井上 彰　2002 「平等主義と責任――資源平等論から制度的平等論へ」佐伯啓思・松原隆一郎編著『〈新しい市場社会〉の構想――信頼と構成の経済社会像』新世社．
伊藤光晴（編）　2004 『岩波・現代経済学事典』岩波書店．
Jencks, C. et al.　1972 *Inequality : reassessment of the effect of family and schooling in America,* Basic Books.（『不平等――学業成績を左右するものは何か』橋爪貞雄・高木正太郎訳，黎明書房，1978年．）
神原文子　2000 『教育と家族の不平等問題――被差別部落の内と外』恒星社厚生閣．

苅谷剛彦　2000 「学習時間の研究――努力の不平等とメリトクラシー」教育社会学会『教育社会学研究』第66集.

苅谷剛彦　2001 『階層化日本と教育危機――不平等再生産から意欲格差社会（インセンティヴ・ディバイド）へ』有信堂高文社.

苅谷剛彦・志水宏吉（編） 2004 『学力の社会学――調査が示す学力の変化と学習の課題』岩波書店.

加藤榮一　2004 「二十世紀福祉国家の形成と解体」加藤榮一・馬場宏二・三和良一編『資本主義はどこに行くのか――二十世紀資本主義の終焉』東京大学出版会.

加藤典洋　1999 『戦後的思考』講談社.

北田暁大　2001「政治と／の哲学，そして正義――ローティの文化左翼批判を「真剣に受け止め」，ローティを埋葬する」馬場靖雄編著『反＝理論のアクチュアリティー』ナカニシヤ出版.

北田暁大　2002 「WTC――契約論的リアルの決壊，カリスマ・アメリカ・リベラリズム」『大航海』新書館，No. 41.

近藤博之　2001「階層社会の変容と教育」日本教育学会『教育学研究』第68巻第4号.

小内 透　1995 『再生産論を読む――バーンステイン，ブルデュー，ボールズ＝ギンティス，ウィリスの再生産論』東信堂.

高坂健次　2000 「平等社会から公平社会へ――新しい市民社会における資源配分原理」高坂健次編『日本の階層システム６　階層社会から新しい市民社会へ』東京大学出版会.

クレイビル，Ｄ．Ｂ．　1996 『アーミッシュの謎――宗教・社会・生活』杉原利治・大薮千穂訳，論創社.

黒崎 勲　1997 「学校選択＝複合的概念――藤田論文に接して再考すること」『教育学年報６・教育史像の再構築』藤田英典・黒崎 勲・片桐芳雄・佐藤 学編，世織書房.

Locke, J.　1968 *Of the Conduct of the Understanding,* in: *The Works of John Locke, a new edition,* Vol. 3, Scientia Verlag Aalen.（『人間知性論１・２』大槻春彦訳，岩波文庫，1978年.）

McLaughlin, T.　1992 The Ethics of Separate School, in: *Ethics, Ethnicity and Education,* ed. by M. Taylor, Kogan Page.

間宮陽介　2001「経済学の観点から見た公私問題」佐々木 毅・金 泰昌編『公共哲学１　公と私の思想史』東京大学出版会.

Martin, J.　1992 *The Schoolhome : rethinking school for changing families,* Harvard University Press.

松井 暁　2005「訳者のあとがき」コーエン，G. A.『自己所有権・自由・平等』松井 暁・中村宗之訳，青木書店．
ミル，J・S　1859（1971）『自由論』塩尻公明・木村健康訳，岩波文庫．
宮寺晃夫　1969「W. v. フムボルトの教育理論における「陶冶」と「教育」——新人文主義の人間形成論」教育哲学会『教育哲学研究』20号．
宮寺晃夫　1981「ノイホーフ貧民学校の子どもたち」上沼八郎編『人物近代教育小史』協同出版．
宮寺晃夫　1997『現代イギリス教育哲学の展開——多元的社会への教育』勁草書房．
宮寺晃夫　2000『リベラリズムの教育哲学——多様性と選択』勁草書房．
宮寺晃夫　2003a「日本の教育改革とデューイの再評価」杉浦 宏編『現代デューイ思想の再評価』世界思想社．
宮寺晃夫　2003b「書評・広田照幸著『教育には何ができないか——教育神話の解体と再生』日本教育学会『教育学研究』第70巻第3号．
森村 進　2001『自由はどこまで可能か——リバタリアニズム入門』現代新書，講談社．
ネーゲル，T.　1989「平等」，『コウモリであるとはどういうことか』永井均訳，勁草書房．
仲正昌樹　2001「ポスト・マルクス主義としてのプラグマティズム——ローティの「文化左翼」批判をめぐって」『情況』情況出版，1・2月号．
中野敏男　2002『大塚久雄と丸山眞男——動員，主体，戦争責任』青土社．
Noddings, N.　1992 *Starting at Home, caring and social policy,* University of California Press.
Noddings, N.　1995 *Philosophy of Education,* Westview Press.（『教育の哲学——ソクラテスから〈ケアリング〉まで』宮寺晃夫監訳，世界思想社，2006年.）
Nozick, R.　1974 *Anarchy, State, and Utopia,* Basil Blackwell.（『アナーキー・国家・ユートピア——国家の正当性とその限界——上・下』嶋津格訳，木鐸社，1985年.）
小田中直樹　2002「書評『大塚久雄と丸山眞男——動員，主体，戦争責任』——鋭い批判と掛け声的処方箋の共存」『論座』朝日新聞社，4月号．
大庭 健　2004『所有という神話——市場経済の倫理学』岩波書店．
大澤真幸　2002 連載「自由の条件」『群像』筑摩書房．
大澤真幸　2003「未来への／からのメッセージ——男はなぜ幼子を抱いたのか」『群像』筑摩書房，5月号．
小塩隆士　2002『教育の経済分析』日本評論社．

オーウェル，G．1945（1972）『動物農場』高畠文夫訳，角川文庫．
Parfit, D.　1995（2000）Equality or Priority ? in : *The Ideal of Equality,* ed. by Matthew Clayton and Andrew Williams, Macmillan Press, 2000.
ペイン，T.　1776（1953）『コモン・センス』小松春雄訳，岩波文庫．
Peters, R. S.　1967 *Ethics and Education,* Allen and Unwin.（『現代教育の倫理――その基礎的分析』三好信浩・塚崎 智訳，黎明書房，1971年.）
Rawls, J.　1971 *A Theory of Justice,* Oxford University Press.（『正義論』矢島鈞次監訳，紀伊国屋書店，1979年.）
Rawls, J.　2001 *Justice as Fairness, a restatement,* Harvard University Press.（『公正としての正義 再説』田中成明・亀本 洋・平井亮輔訳，岩波書店，2004年.）
Roemer, J. E.　1998 *Equality of Opportunity,* Harvard University Press.
ローティ，R.　1988『連帯と自由の哲学』冨田恭彦訳，岩波書店．
ローティ，R.　1998（2000）『アメリカ 未完のプロジェクト』小澤照彦訳，晃洋書房．
ロスバード，M.　2003『自由の倫理学――リバタリアニズムの理論体系』森村 進・森村たまき・鳥澤 円訳，勁草書房．
ルソー，J-J.　1755（1933）『人間不平等起源論』本田喜代治訳，岩波文庫．
ルソー，J-J.　1762（1972）『エミール（上）』今野一雄訳，岩波文庫．
齋藤純一　2000『公共性』岩波書店．
斎藤純一　2002「『第三の道』と社会の変容―社会民主主義の『思想』的危機をめぐって」日本政治学会『三つのデモクラシー――自由民主主義・社会民主主義・キリスト教民主主義』岩波書店．
Sandel, M.　1982 *Liberalism and Limits of Justice,* Cambridge University Press.（『自由主義と正義の限界』菊地理夫訳，三嶺書房，1991年.）
Sandel, M.　1996 *Democracy's Discontent-America in Search of a Public Philosophy*, Harvard University Press.
佐藤 学　2000「教育改革における新自由主義のレトリック」『情況』情況出版，4月号．
Scanlon　1995 The Significance of Choice in : *Equal Freedom, selected Tanner Lectures on human values,* ed. by Stephen Darwell, The University of Michigan Press.
佐和隆光・藤田英典　2004「教育の機会平等が崩れる――義務教育費負担金廃止のツケは誰が払うのか」『世界』岩波書店，10月号．
セン，A．1992（1999）『不平等の再検討――潜在能力と自由』池本幸生・野上裕生・佐藤 仁訳，岩波書店．

センﾞ，A.　1999（2000）『自由と経済開発』石塚雅彦訳，日本経済新聞社．

塩野谷祐一　2002　『経済と倫理——福祉国家の哲学』東京大学出版会．

シュレージンガー Jr.　1991（1992）『アメリカの分裂——多元文化社会についての所見』都留重人監訳，岩波書店．

竹内章郎　1998　『「弱者」の哲学』大月書店．

竹内章郎　2005　『いのちの平等論——現代の優生思想に抗して』岩波書店．

立岩真也　2000　『弱くある自由へ』青土社．

寺﨑昌男（編）　1999　『教育名言辞典』東京書籍．

Tooley, J.　1995 *Disestablishing the School,* Aldershot : Avebury.

Tooley, J.　1996 *Education Without the State,* London : Institute of Economic Affairs.

Tooley, J.　2000 *Reclaiming Education,* Castell, London and New York, 2000.

卯月由佳　2004a 「《教育機会の平等》の再検討と《公共財としての教育》の可能性——公立学校からの退出を事例として」日本教育社会学会『教育社会学研究』第74集．

卯月由佳　2004b 「小中学生の努力と目標——社会的選抜以前の親の影響」本田由紀編『女性の就業と親子関係——母親たちの階層戦略』勁草書房．

Walford, G.　1997 School Choice and the Common Good: a reply to Brighouse, in : *Oxford Review of Education,* Vol. 23, No. 4.

Walzer, M.　1983 *Spheres of Justice, a defense of pluralism and equality,* Basic Books Inc.（『正義の領分——多元性と平等の擁護』山口 晃訳，而立書房，1999年.）

和辻哲郎　1935　『風土——人間学的考察』岩波書店．

ウィッティー，G.　2000 「教育における多様性・選択・市場——利益とコスト」山崎鎮親訳，『「学校選択」の検証』民主教育研究所年報2000．

Whitty, G.　2002 *Making Sense of Education Policy, studies in the sociology and politics of education,* Paul Chapman Publishing, London.（『教育改革の社会学——市場，公教育，シティズンシップ』堀尾輝久・久冨善之監訳，東京大学出版会，2004年.）

Williams, B.　1981 *Moral Luck,* Cambridge University Press.

Williams, B.　1985 *Ethics and the Limits of Philosophy,* Fontana.

山田昌弘　2004　『希望格差社会——「負け組」の絶望感が日本を引き裂く』筑摩書房．

Young, I.　2000 *Inclusion and Democracy,* Oxford University Press.

ヤング，M.　1982 『メリトクラシー』窪田鎮夫・山元卯一郎訳，至誠堂．

著者略歴

1942年　東京に生まれる
1965年　東京教育大学教育学部教育学科卒業
1973年　東京教育大学大学院教育学研究科博士課程（教育学専攻）単位取得退学
1986-87年　ロンドン大学教育学研究所教育哲学科客員研究員
1995年　博士（教育学，筑波大学）取得
現　在　筑波学院大学情報コミュニケーション学部教授　筑波大学名誉教授
著　書　『現代イギリス教育哲学の展開――多元的社会への教育』（勁草書房，1997）
『近代教育思想を読みなおす』（共編著，新曜社，1999）
『リベラリズムの教育哲学――多様性と選択』（勁草書房，2000）
『教育の方法と技術』（共編著，ミネルヴァ書房，2004）
訳　書　ネル・ノディングス『教育の哲学――ソクラテスから〈ケアリング〉まで』（監訳，世界思想社，2006）

教育の分配論　公正な能力開発とは何か

2006年3月20日　第1版第1刷発行
2010年2月25日　第1版第2刷発行

著者　宮《みや》寺《でら》晃《あき》夫《お》

発行者　井村寿人

発行所　株式会社　勁《けい》草《そう》書房

112-0005 東京都文京区水道 2-1-1　振替 00150-2-175253
（編集）電話 03-3815-5277／FAX 03-3814-6968
（営業）電話 03-3814-6861／FAX 03-3814-6854
堀内印刷所・鈴木製本

ISBN978-4-326-25053-0　Printed in Japan